Bernardo Jurado

Bernardo Jurado

LA FRAGANCIA DE LA REBELIÓN

Miami, Fl, Estados Unidos de América

@2018 Bernardo Jurado
Todos los derechos reservados.
Prohibida la reproducción Primera edición
total o parcial de esta obra sin la autorización
escrita del titular del copyright.

ISBN -13: 978-1727535853
ISBN-10: 1727535855

Diseño de portada: Jurado Publishing.
Corrección: Dra. Doris López.
Edición: Jurado Publishing

juradopublishing@yahoo.com
Twitter: @juradopublishing
Instagram: @juradopublishing

ACLARATORIA:

Si, la rebelión tiene una fragancia, una que es casi obligatoria ante el abuso, cualquiera que este sea y de donde venga.

En este libro conseguirá diversos ángulos sobre ella (la rebelión), sobre sus causas y justificaciones, porque es el compendio mesurado y amable del blog "ESCRITOS NOCTURNOS DE BERNARDO JURADO" que desde el año 2011 se escriben como una herramienta de prestidigitación, si, no exageramos. ¡Escritos desde hace varios años atrás, poseen una vigencia meridiana que Usted disfrutará!

"La fragancia de la rebelión", es una obra ecléctica y gentil que con frecuencia trata muy en serio el humor.

¡Se divertirá!

Bernardo A. Jurado Capecchi (1962)

Escritor, articulista, Blogger, editor, Capitán de Navío (r) con cuatro Comandos de buques de guerra en la mar.
Magister Scientiarium en Gerencia de Empresas.
Profesor en área de Post grado en siete universidades y ocho Facultades.
Diplomado en Estado Mayor Naval.
Sirvió en la flota del Atlántico de los Estados Unidos de América con status diplomático.
Condecorado con la "Navy and Marine Corps Commendation Medal"
Profesor de Oratoria con más de veinte años de experiencia.

Actualmente reside en la ciudad de Miami.

Agradecimiento

A la Dra. Doris Alicia López, motor impulsor e inspiración en la materialización de esta obra.

Dedicatoria

A la juventud venezolana que ha perdido su vida en la lucha contra la tiranía y a los que aún mantienen su ímpetu de devolver la libertad y la democracia en Venezuela.

"Victoria a todo coste, victoria a pesar del terror, victoria aunque el camino sea largo y duro; porque sin victoria no hay supervivencia."

Winston Churchill

"En líneas generales, dirigir a muchas personas es como dirigir a unas pocas. Todo se basa en la organización."

Sun Tsu

LA FRAGANCIA DE LA REBELIÓN

Tal vez en París le llamen tienda de nostalgias, es esa llena de cosas viejas de remotos tiempos, que por aquí en los Estados Unidos son "antiques mall". Recuerdo aquel colmillo inmenso de foca que compré en West Virginia tallado a mano por un marinero y que poseía en la inscripción el año 1743. Recuerdo también el olor a historia, las gorras de soldados confederados, armamento de la época, espadas, uniformes, todas cosas de aquella rebelión contra el imperio británico, que devino en una pavorosa guerra civil, pero de la cual, esta, la cuna de la democracia, salió fortalecida por siempre.

Hace tiempo que me ronda en la cabeza el sacrificio de los jóvenes venezolanos que dieron su vida por la libertad, como si fueran soldados libertarios, como si fueran persuadidos de que perder la vida vale la pena, como si entendieran que el país todo y sus gentes honrarán su sacrificio, como si estuviesen convencidos que ese, el mayor de los esfuerzos, daría resultados, ¡qué cosas!, pero no termino de entender, si, créanme. No termino de entender lo de los espacios políticos cuando de lo único que entiendo es de los espacios de unos dos metros en cada tumba que podríamos multiplicar por más de cien. Requiero estudiar un poco más, estoy convencido, pero siempre me revuelve la duda cuando me hago algunas preguntas: ¿es que acaso el Consejo Nacional Electoral no era fraudulento?, recuerdo haber leído la posición de la Compañía Smarmatic asegurando fraudes monumentales, ¿No era el Tribunal Supremo de Justicia ilegal? ¿Qué pasó con los asesinatos, violaciones de los derechos fundamentales y la inventada guerra económica? Y otra: ¿el Vicepresidente, los sobrinos de Maduro, Reverol y otra larga lista de personeros de primera línea del Gobierno, no fueron acusados de narcotraficantes? Y la pregunta que me atormenta: ¿entonces cómo vamos a ir a medirnos en elecciones con todas estas falencias y el peso de nuestros muertos a los que desde mi punto de vista deshonramos con estos actos pusilánimes?

La rebelión es un derecho, así Maduro y Delcy, hagan la Asamblea Nacional Constituyente que les salga de la entrepierna. Los delitos han sido muchos para intentar ocupar espacios políticos cuando ya tenemos ocupados más de doscientos metros de tumbas.

Las personas arriesgamos cuando entendemos que el país por el que peleamos está en la misma página apoyando el esfuerzo de combate, apoyando el objetivo común y agotando junto a los combatientes los resquicios de las posibilidades, pero cuando las reglas del juego son cambiadas intempestivamente y se le da al enemigo la posibilidad de llevar la iniciativa, de reagruparse, de reorganizarse, realmente no tiene sentido el riesgo.

Estoy listo para ser atacado, pero es esta mi manera de pensar que no tiene que coincidir con la suya, porque mientras los cuerpos de nuestros jóvenes muertos, se descomponen, me temo que la clase política ya está descompuesta y esto pasó a ser solo, la fragancia de una rebelión.

LA RIDICULEZ MILITAR

Siempre se los dije a mis alumnos, esta institución se basa en la subordinación, no a una persona, sino a los valores militares en defensa de la democracia que ella representa, se basa también en la obediencia, no a una persona, sino a las leyes y reglamentos que esta persona debe hacer cumplir y la tercera pata del banco, es la disciplina, en la exactitud del cumplimiento de las dos anteriores.

Se los digo a mis alumnos porque yo mismo lo puse a prueba durante muchos años y eso no me hace más valiente, de ninguna manera, me hace más íntegro y honesto conmigo y por ende con las Fuerzas Armadas. Se los voy a explicar mejor: en aquellos años en que era Comandante, salí a probar mis máquinas después de un mantenimiento, estaba a nueve millas al norte de la Base Naval de Turiamo y me llamó a mi teléfono celular el Comandante de la Escuadra y allí nos detenemos, porque ese Almirante estaba violando las leyes y reglamentos al preguntarme eso por vía telefónica, yo que no espero ser bruto y no estaba en la Armada para enseñar a mis superiores, pues decidí que violaríamos ambos las leyes hasta que mi criterio lo estableciera y de repente me ordenó que entrara a Turiamo para que el Presidente Chávez, que llegaría por allí, viera presencia naval y yo tan solo le dije que NO.

El mismo personaje, le ordenó a mi Comandante de Escuadrón que me enviara a llevar unos tractores a Cuba en mi inmenso buque de transporte, por orden del difunto y simplemente dije que yo no podía ir a países comunistas a menos que fuera a invadirlos y a instaurar la democracia, el Almirante se disgustó mucho, amenazó a mi Comandante con sancionarnos a los dos y esta es la hora en que todavía espero la cadena perpetua que ofreció y esto ocurre simplemente porque él mismo no estaba convencido de esa orden y su integridad estaba en merma en su psiquis al igual que su autoestima y su honradez, de manera que está clasificado como un pelele, no por mi sino por todos sus subalternos del momento. Es tanto que era un furibundo chavista y ahora vive en Orlando Florida.

Los militares actuales, deben seguramente sentirse maltratados, victimizados, pisoteados por el ridículo que las ha mandado a hacer un personaje que jamás prestó servicio militar, cuyas amistades más conspicuas son guerrilleros de los sesenta, que nada tiene que aportar y nada sabe de táctica o estrategia, que nada sabe de nada y eso es muy malo, tener que subordinarse, serle obediente y disciplinado al tonto de Nicolás Maduro, que no representa los valores de la institución ni de la democracia.

Cuando uno es maltratado y victimizado es culpa de la víctima que lo permite, mas no del victimario. Risotadas de lástima producen Aristóbulo disfrazado de General o el Diputado Ricardo Sánchez de combatiente revolucionario, me encantaría tener mi celular a la mano para tomar la foto de sus caras ante la primera detonación de algún arma del enemigo que esperan en sus mentes, alguna detonación que delate su valentía o la falta de ella y les demuestre a los verdaderos profesionales de las armas, que juegan con ellos y con sus faltas de criterio entre desfiles, operaciones con civiles, apoyos socialistas y demás pendejadas.

Esto es lo que podríamos llamar, la ridiculez militar.

VIVEZA SIN CABEZA

Debo confesar que me gusta su velero, porque a mí me gusta navegar a vela. De manera que puedo asegurar que tengo gustos burgueses. Es uno bueno, lo vi mil veces atracado en la que antes podría ser una pequeña marina que tenía la Base Naval de Puerto Cabello, donde pasé muchos años de mi vida a bordo de las Fragatas y donde los burgueses dejábamos nuestras embarcaciones a cuido.

El velero en cuestión es del Almirante, socialista, comunista, anti imperialista Giusseppe Alessandrelo Cimadevilla y demás pendejadas que estos infelices gritan como si fuera un mantra del Bhagavad Gita. Si, un burgués como yo, un burgués de closet, porque debe a toda costa ocultar sus gustos y apetencias, en cambio, yo no le niego a nadie que me gusta lo bueno y desecho lo malo y a los malos.

Fue formado aquí en los odiados Estados Unidos de América, venía con frecuencia y recuerdo en su oficina de lo que antes fue la Unidad Táctica Urdaneta, porque para variar es Infante de Marina, si, recuerdo un casco alemán de la Segunda Guerra Mundial, ¡una joya militar!, montado sobre una especie de pequeño escaparate.

Estoy de acuerdo con sus gustos exclusivos. Considero que un oficial naval debe ser así, exclusivo y excluyente, caballero, de buenos modales y burgués, porque somos militares internacionales (al menos los de a bordo) y no se puede representar a un país siendo un pata en el suelo como lo fue su ahora ídolo Hugo Chávez Frías, no, de ninguna manera, porque es capaz de intentar abrazar a la Reina Madre Británica y estamparle un furtivo beso en la mejilla como si fuera su comadre, es por ello que felicito los gustos y maneras del Almirante Alessandrelo, nuevo Comandante General de la Armada Bolivariana, socialista y demás pendejadas, como antes lo dije.

Alessandrelo es la exacta ecuación de lo que es ser un vivo, porque nadie que viene de una familia decente como la suya, puede estar de acuerdo con este desfalco. Podría inclusive asegurar que no entró a la Armada por hambre como si lo hizo Chávez, de manera que su cantidad angular para observar esa bella carrera podría ser diferente para bien, pero no, no es así en la realidad.

La viveza sin cabeza, es un problema serio, en el país de los vivos, porque aunque acusen a los venezolanos de no tener memoria, a esta altura del Holodomor, se equivocan de cabo a rabo. Créanme que nos acordaremos de ustedes, créanme que estamos seguros de que su viveza es tan incolora, que se creen vivir sus cinco siglos de fama, cuando son apenas cinco segundos. Ser primero un Almirante de este bagazo carnavalesco que es la Armada; y luego ser su Comandante no es para sentirse honrado, máxime como es el caso que nos ocupa, el intentar ser quien no es, el procurar el favor del tonto que le gobierna, el de recibir un pabellón de combate: ¿Cuál combate Alessandrelo?

¡No te deseo suerte!

CATÁLOGO DE LA BAJEZA

Yo sería capaz de morir por ti y ella contesta: ¡pues yo no!

Cuando nos casemos te haré la mujer más feliz del mundo, le dice él, te daré todo lo que tengo, viajaremos, comparemos lo que desees, te complaceré en todo lo que pidas y ella contesta: ¿Quién te dijo que yo me quiero casar contigo?

Hay paradojas en la vida que conforman un catálogo de bajezas y esto va con los militares venezolanos, porque no creo que se pueda caer más bajo, no solo en materia de aceptación del conglomerado al que se deben, sino en los propios criterios que son aún peores, vergonzosos, terriblemente hirientes de la autoestima y se los explico mejor: ¿saben ustedes, militares venezolanos, cuando se les ve mellada la autoestima? Pues cuando sienten que algo no huele bien por su acción personal o profesional, cuando algo les deja tristes, cuando no están conformes y contestes con sus valores, con las creencias, con los principios porque les tengo malas noticias: antes de ser militares ustedes son ciudadanos.

Podrán simular, reír, contar lo que han hecho en el cuartel, los abusos y callar las mentadas de madre, las piedras que le han herido no solo la piel sino el honor, el desprecio de la gran mayoría y se los cuento porque yo estuve en esas filas y dije que NO muchas veces. Les recomiendo tan solo que lean en este mismo blog el artículo titulado "La ridiculez militar" a manera de no llover sobre mojado.

Se debe tener un mínimo de dignidad para decirle a la dama que no desea su amor, ¡ya basta!, no pienso arrastrarme por el suelo por un sí, ficticio. Se debe tener un mínimo de dignidad (y cuando digo mínimo no exigimos mucho) para entender que son ustedes los llamados a dar la cara a sus mujeres e hijos arrastrados por ustedes y su lenidad a mendigar, mientras sus jefes son capaces de decir que son prósperos porque han hecho dinero usándolos, pero no se preocupen, esta balanza está cambiando y me temo que dejarán de ser el fiel y pasarán a estar en el lado de abajo.

Las Fuerzas Armadas, acompañadas por sus indeseables colegas del SEBIN y la Policía Nacional, completan sobradamente todo el espectro del catálogo de la bajeza humana donde los personajes de Víctor Hugo y Honorato de Balzac serían niños de pecho.

¡Yo voy a luchar por tu amor! Y resulta que el amor no tiene adversarios y cuando hago esta frase hecha y escuchada en novelas mejicanas sufridas y llenas de dolor, me acuerdo de Maduro, que ya no sabe que ofrecerles para tener su amor, el amor de las Fuerzas Armadas que insospechadamente aun le tiene en el poder junto con los otros cuarenta ladrones, pero nosotros los ciudadanos nos hemos dado cuenta que sus precios son bajos. Un par de rollos de papel higiénico, una bolsa de harina precocida y un par de pasta de dientes creo más que suficientes para que sus criterios cambien de bando.

Nunca había pensado que la bajeza posee su propio catálogo.

ESTANDO EN LA DIAGONAL

Mi Comandante, a mí me da mucha pena, pero yo quería pedirle permiso para ir a mi casa. Mi esposa me llamó y me dice que mi segundo hijo tiene fiebre desde ayer y no consigue nada que darle, yo me traje el carrito y nadie la puede ayudar, porque por allá donde yo vivo, ¿recuerda? en el bloque siete del 23 de Enero, todo está trancado y por supuesto es peligroso, también quería decirle que la comida se le acabó, pero lo que más me preocupa es la leche de los teteros del menor y hoy es apenas dos de Mayo, ya no tiene dinero ni tampoco como sacarlo del banco que queda en El Silencio, ¿Usted me puede prestar una platica en efectivo para resolver?

No me jodas González, ¿tú vas a pedir permiso con este problemón que tenemos encima?, ¿tú crees que sería correcto?, todos estamos en las mismas, hasta yo y si te doy permiso a ti, tengo que dárselo a todos. Yo tengo más de veinte días que no voy a mi casa en Valencia y de paso me vas a pedir real prestado, ¡que bolas las tuyas!

Este es un diálogo que sin un ápice de dudas, les ocurre a los comandantes a diario, este es el verdadero sentir de la tropa, este es el maltrato al que son sometidos, porque ¿qué creen?, que esta problemática que describo más como algo real que producto de la imaginación ¿no está pasando?

Vamos bien insisto, las guerras se ganan cuando se logra doblegar la voluntad de vencer del adversario y cuando esto pasa, ya están doblegados. Desde mi punto de vista es cuestión de tiempo para que ellos, lo militares, sobre todo los de baja graduación, comiencen a cansarse del castigo que a diario la oposición le inflige con severidad absoluta, rompiendo lo que para el militar es lo más preciado y que le impulsa como un resorte a arriesgar la vida, me refiero a la moral. ¿Se han paseado Ustedes por la cantidad de mentadas de madre, desprecios y maldiciones que escuchan a diario estos jóvenes? Eso, créanme, doblega la autoestima de cualquiera, del más sólido, del más centrado psicológicamente, porque no solo ocurre en la calle, lo más duro es cuando llegan a enfrentarse con el cuadro dantesco de su humilde hogar, pisoteado por una economía cuyos números no cuadran para el segundo día de haber cobrado el sueldo.

Entre la oposición y el gobierno presidido hasta dentro de poco por Maduro, se encuentran en una posición diagonal, las Fuerzas Armadas. Nosotros hemos intentado todas las fórmulas y el gobierno no ha dado una sola opción pacífica, de manera que los ciudadanos sin saberlo, han acudido a Maquiavelo: "Las armas y la violencia se deben reservar para el último lugar, donde y cuando los otros remedios no basten"

En cualquier momento se caen, ya lo verán. Nadie el 22 de Enero de 1958 pensó que Pérez Jiménez, lo haría al día siguiente.

Los militares vendrán al lado correcto, porque es imposible vivir este desastre estando en la diagonal.

GRACIAS POR SU SERVICIO

Fue la primera vez que navegué a bordo del glamoroso catamarán cuyo muelle está en Bay Side, aquí en la bella Miami. Me acompañaba una dama y ambos estábamos encantados con el corto viaje hasta el fondeadero frente a South Beach.

Yo fumaba en aquellos años y antes de lanzarme al océano como todos, le pregunté al Capitán donde podía prender un cigarrillo. Me indicó la popa y habían un par de jóvenes que me veían desde hace rato, pero no con actitud retadora o guapetona, sino con cierta duda.

Me senté y uno de ellos se me acercó y me dijo: "I know you Sir" (yo a Usted le conozco Señor) y creo que trabajamos juntos, ¿where? Pregunté yo, en Norfolk Virginia, I was a sailor in CINCLANTFLEET under Admiral John Paul Reason command (en el comando de la flota del atlántico bajo el comando del Almirante J.P. Reason), oh yes I worked there, I was a Navy Captain from Venezuela. Inmediatamente llamó al otro joven para presentármelo, no sin antes decirme que era su hermano y que era Infante de Marina y había llegado de la guerra dos días antes. La actitud del soldado fue de sumo respeto, nos dimos la mano y lo único que me dijo fue: ¡Gracias por su servicio Señor!

Que un soldado con experiencia real de combate, me dé las gracias por mi servicio, antes que halagarme me abrumó, les confieso que sentí vergüenza, porque yo nunca he estado en una guerra de verdad, pasé muchos años esperando, preparándome, entrenando, pero nunca fui y doy gracias a Dios por ello.

Le dije al joven, por favor, somos nosotros los que agradecemos tu servicio y el riesgo de tu vida, para que podamos ser libres en esta, la mejor democracia del mundo civilizado.

No voy a seguir hurgando en la herida de la Venezuela decente que hoy se encuentra abrumada y avergonzada con lo que ha pasado con el funcionario Oscar Pérez, hecho muerto de manera cobarde, asesinado a mansalva, con maldad y saña junto a sus compañeros de aventuras y con toda humildad, con todo respeto, a mí me enseñaron que no se debe ser cruel con el combatiente rendido. Oscar Pérez calculó que sus enemigos eran hombres de honor como él y no es así, nunca ha sido así. El líder de esta barbarie, ahora muerto jamás fue leal, se acobardó como lo relata con contundencia la evidencia histórica de lo acontecido en el Museo Histórico militar el 4 de Febrero cuando el golpe, de manera que cabe la inmediata pregunta: ¿Por qué tendríamos que pensar, que sus subalternos, rastreros como los que más, podrían ser hombres de honor?

Dejémosles descansar en paz a Pérez y sus valientes hombres, pero no nos permitamos olvidar el sacrificio que hizo por la libertad de ese país secuestrado por los pillos saqueadores.

A sus familias, a sus ahora huérfanos hijos, a todos los venezolanos de bien, solo les digo que como hombre de armas, hago llegar en mis oraciones a sus almas, la frase: ¡GRACIAS POR SU SERVICIO!

LA FISCAL Y SUS RECUERDOS PORTÁTILES

Me explotan en la mente y llegan como chispazos llenos del pasado. Algunos amigos me los recuerdan y se presentan ante mis ojos vívidos y llenos de realidad.

Recuerdo mis años de estudiante en la Escuela Naval, en la Universidad de Carabobo y en la Universidad Central de Venezuela, luego se agolpan mis recuerdos como profesor de post grado, pero lo que si no recuerdo es a ninguna alumna pretendiendo con favores sexuales aquella nota en azul más no en el rojo de la regla.

La Fiscal Luisa Ortega Díaz ha afirmado que antes (no sé cuándo) las alumnas tenían que prostituirse para obtener un cupo en la Universidad.

Los recuerdos son portátiles, se llevan a bordo de la mente, algunos como una santa y agradable nube cuando son positivos y placenteros, pero otros pesan como un morral lleno de muy pesadas piedras.

La nefasta Fiscal en cuestión estoy seguro que tuvo que estudiar en el sistema educativo de la democracia, o por el contrario nunca se hubiese graduado de abogado. Un sistema meritocrático y que requería del esfuerzo académico, pero ante tamaña afirmación, creo que debemos creerle, porque ella es la Fiscal, de manera que no quiero ni siquiera imaginarme a la poco agraciada dama abriendo las piernas con cierta gracia para obtener sus títulos o al menos para optar a entrar a la universidad.

Creo que esto de la prostitución estudiantil ha podido ocurrir- lo dice la Fiscal-, pero solo a aquellas personas que entendieron que por los méritos académicos jamás se graduarían.

Esto es muy duro, pero la verdad es que como profesor, la alumna fiscal en cuestión no creo que hubiese levantado en mi ni siquiera un mal pensamiento por más bandida que sea, de manera que podríamos entonces inferir que todo payaso posee su público y ella no es la excepción.

Decir esa tamaña sentencia, donde todos los estudiantes absolutamente estamos incluidos es una opinión al menos arriesgada, pero también podríamos inferir que es un buen método usado por la alumna Luis Ortega para llegar a ser fiscal, que no es poca cosa.

Yo no recuerdo a ninguna alumna bandida, sugerente, lisonjera, no, todas eran muy dedicadas y aplicadas, de manera que mis propios recuerdos me hacen inferir que la infeliz afirmación de la Fiscal Ortega, forma parte de sus propios recuerdos portátiles, que llevará consigo por el resto de sus días.

En esta práctica que arguye y recuerda la infeliz y que le ha explotado en la cabeza como a veces me ocurre a mí, con mis propios recuerdos, la prostitución creo que en ella no forma parte del pasado, porque ese cargo que ella ostenta ha sido uno de los más vilipendiados y prostituidos del sistema gubernamental de la revolución, que si sabe bien de putas y de putos.

Por supuesto que como profesor debo en nombre de mis alumnos hacer un alto en la barbarie y certifico que todos aquellos que pasaron por mis aulas, jamás tuvieron que optar a triquiñuelas mal habidas para obtener sus notas de las cuales me enorgullezco.

EL ENEMIGO INVISIBLE

¡Eso da terror! Lo peor que le puede pasar a un combatiente de alguna fuerza regular como la Guardia Nacional es no saber quién es el enemigo. Se los explico mejor: son masas que podríamos denominar heteróclitas, o sea, compuestas de partes o elementos distintos. Lo mismo hay estudiantes que taxistas, médicos y enfermeras, militares retirados y abogados, pero por favor, los buhoneros tampoco no se perderán la fiesta libertaria.

Les propongo un ejercicio elemental para que pueda ilustrar en su mente la verdadera sensación: manejando su vehículo, si es por una carretera estrecha sería preferible, cierre sus ojos por tan solo dos largos e inmensos segundos. Es esa la sensación dentro de la tanqueta VN4 a la que le tiran pintura en sus muy estrechas ventanas, pero como es de suponer, el miedo aumenta a cada segundo mientras se escuchan las colisiones de las piedras y otros objetos contra la coraza, que ellos suponen como un acto de fe que aguantará, observando a cada día, que el grupo heteróclito mejora sus tácticas y pierde el miedo que en ellos les aumenta.

Se los pongo con otro ángulo: lo peor que puede pasarle a un funcionario, es enfrentarse contra un adversario que no tenga miedo a morir, porque ellos si lo tienen. Lo peor que le puede pasar a un Guardia Nacional o a un Policía, es no saber por dónde le vendrá la pedrada que impactará en su nuca mientras el ve hacia adelante a un valiente que le devuelve la bomba lacrimógena que ya está acostumbrado a respirar, con una facilidad y agilidad pasmosa y ¿saben por qué?, porque ya el funcionario está exhausto después de más de treinta días acuartelado, mal durmiendo y mal comiendo.

Esta elemental logística hará que la libertad abra sus puertas a la democracia, porque más de alguno de los estudiantes deciden no ir hoy e ir mañana con más bríos, mientras aquellos, los Guardias, son el factor común en cada fiesta que comienza muy temprano y nadie sabe cuándo acaba. No pueden ir al baño, están de pie muchas horas bajo el sol y bajo la infame armadura que funciona como si estuviesen dentro de un horno de microondas. Ellos –los Guardias- saben que las cosas en sus casas no están bien, como en la casa de cualquier venezolano, de manera que es esta una carrera de resistencia y a estos ciudadanos libertarios ya no hay como decirles las cosas, porque ellos saben bien lo que hacen, ellos saben bien que están ganando, ellos saben que su adversario ya no puede y ante esto se preguntarán: ¿y las bombas con las que los atacan? ¿Y el armamento que usan? ¿Qué creen mis queridos lectores? ¿Cuántos millones de bombas lacrimógenas en sus parques, puede tener un país con treinta días de trifulcas encarnizadas?, ¡pues se les están acabando!

Este no es mi estilo de escritura, pero como militar en el exilio, lo único que me queda es contar la verdad y aplaudir desde la segunda fila a estos valientes que desde ya están construyendo su futuro, porque después de esta lección, los estudiantes volverán a las aulas y el país será dirigido por los más ilustrados.

¿SOMOS HIJOS DE CHÁVEZ?

Siempre lo hago, busco y busco cosas que no sepa, estudio como si alguien intentara calificarme, duermo abrazando los libros por cansancio y nada de eso tiene sentido alguno para mí. Es como una pulsión ilógica, pero que a la vez me reconforta.

Buscando para una amiga, al personaje Amílcar, abrí una joya heredada de mi Padre, quien sufría de la misma inquietud por aprender, me refiero a "LA CULTURA, TODO LO QUE HAY QUE SABER", cuyo autor, avalado por personajes como Fernando Savater, es Dimétrico Schwanitz, obra que me trajo Papá en el 2008 y que leí con fruición. Un ensayo inigualable para toda persona que se precie de ser culta.

Múltiples personajes de la barbarie, cientos tal vez, hemos escuchado repetir como si de un mantra indostano se tratara que ¡somos hijos de Chávez!, "estamos rodilla en tierra", frase que aún no logro descifrar a menos que arguyamos algún tipo de esclavitud o tal vez dogma de fe, lo que haría más patético el descalabro. Hombre sin honor, como pudiese ser Winston Vallenilla, lo han dicho en sendos eventos revolucionarios llenos del sudor de la Patria y de epopeyas inexistentes y además coreado por los muertos del hambre del sistema, que deben sucumbir ante la única fuente abastecedora de alimento, pero a lo que vamos, que todos somos hijos de Chávez, ¡de acuerdo a ellos!

Siendo nosotros todos hijos de Chávez, aquí les voy con: "Ya adulto, Zeus se coló como camarero en casa de su Padre Cronos; y mezclando un vomitivo en su bebida hizo que arrojara íntegros a todos los hijos que se había tragado. Este vomitivo desencadenó una serie de guerras entre Cronos y sus hijos" y allí, me acordé de José Vicente Rangel, también de los hermanitos Rodríguez quienes regentan importantes puestos en la corte del hijo bobo de Chávez y de otros personeros con los cuales no quiero empantanar este mitológico escrito nocturno. Solamente me retumba en las sienes la pregunta y ¿quién es Zeus aquí y cuál es el vomitivo?

Siempre con esas cosas en la imaginación, me dije a manera de reproche: sigue leyendo sin perder el tiempo, aprende, hazte un experto en mitología, concéntrate, basta ya y seguí leyendo, pero a cada línea no podía evitar hacer alguna antipática comparación, es increíble, en cada Dios o semi Dios conseguía una similitud copiada al carbón y volví con Zeus: "Comenzó el reinado de

Zeus, el Padre de los Dioses. Su primer acto oficial fue la violación de Metis. Nuevamente un oráculo había anunciado que el hijo de esta unión destronaría a Zeus, por lo que este devoró inmediatamente a la titánide Metis, que estaba embarazada, confirmando una vez más la regla de que los hijos están condenados a imitar a su odiado Padre"; y debo confesar que no pude más, esta historia y sus paralelismos me asusta y que no solo Zeus sino todos los dioses y "odiosos", nos protejan porque solapadamente todos odian a Chávez, de quien dicen ser hijo.

EXTRAÑANDO LOS TIEMPOS

Interesante esto de extrañar. Cuando lo hacemos, remontamos la memoria, atacamos la quimera o tal vez de alguna forma la abrazamos intentando evitar que sea menos dolorosa.

Una suerte de arrogancia me persigue con mis amigos de allá, porque todos aseguran que volveré pero ipsofacto los detengo, porque he aprendido a vivir encontrándome o tal vez estrellándome contra la realidad.

Aseguran con inusitada frecuencia en las redes sociales que "aman a Venezuela" y yo no lo creo, podríamos asegurar que jamás lo han hecho, por cuanto no se atenta contra lo que se ama. Se los explico mejor: ¡es que me hace falta mi calle! asegura la dama en el restaurant y yo la detengo diciéndole que esa calle jamás fue de ella, bueno, repica, me hace falta aquella Venezuela próspera y tan solo guardo silencio para evitar la colisión de decirle que su famoso marido fue uno de los destructores. Ella, insolente y tonta, sobre la biblia podría asegurar que el gobierno es maula, ladrón, asesino, pero no, no es así y suena en mis letras paradójico porque si bien es cierto que lo son, ellos no lo hicieron solos, la fortuna de la que ella disfruta aquí en la Florida fue hecha por su esposo (que a la sazón guardaba un santo y sepulcral silencio) producto de sus triquiñuelas mal habidas con la corrupción genética y por ende heredada, de esa trampa con obstáculos en que se ha convertido vivir allá, en ese ladino lenguaje sinuoso y patriótico, histórico y fulgurante usado por Chávez y digerido por muchos.

A lo que vamos, vecinos respetables de la ciudad de Doral, han sido presos por las autoridades norteamericanas y han dejado de ser respetables, si, ambos, padre e hijo con el mismo común y silvestre nombre de Luis Díaz, el mayor de 74 años y el vástago de 49, han lavado al menos $100 millones de verdes en una operación llevada a cabo y que traerá una cola interesante. Los compatriotas, que dicen ser patriotas y amantes de Venezuela, recibían dineros de funcionarios rojitos, los lavaban en bancas paralelas y ya, a disfrutar de la vida loca, asistir a las marchas para también lavarse la cara, a ¡luchar por Venezuela!

Lo que si es cierto es que el gobierno que representa a Venezuela no los ama a ellos y por ende a nadie y cuando alguien está rigiendo tu vida tan solo te acomodas o te retiras, es una suerte de síndrome de Estocolmo pero plural, colectivo, lleno de socialismo. No tenemos comida por la guerra económica, aseguran, no tenemos billetes por el avión que ha llegado tarde, pero el impresentable patriota cooperante Fidel Madroñero, una suerte de loca pasada de moda, asegura en un video desde Miami que es su derecho venir a pasar vacaciones en tierra enemiga y ciertamente lo es, lo que no coincide con su posición comunista y evidentemente falsa.

Seguirán cayendo, seguiremos viendo noticias alentadoras, mientras sus capitales lavados se quedan cómodamente en el sistema bancario norteamericano y la venezolana sigue pensando en volver, sin darse cuenta que el tiempo es como el río, ¡nunca más volverá!

ÉTICA Y ESTÉTICA

Un mofletudo fenotípico, de nacimiento, por ende incómodo dentro de su cuerpo blandengue y hemos comprobado recientemente que su pensamiento también lo es, blandengue, acomodaticio.

Leí ese libro en el 2006, recién llegado al exilio y me lo mandó un colega de la Armada, muy querido, que sabe bien de mis gustos en materia intelectual. Es de ese admirado autor con quien tuve el placer de trabajar en la Universidad, que también escribió "Ética para Amador", ¿lo recuerdan?, me refiero a Fernando Savater, pero en su obra "Los siete pecados capitales"

De la persona que quiero hablarles y que de paso, todos ustedes conocen y los que tienen la suerte de no conocerlo, pues les recomiendo que paren de leer inmediatamente a manera de no llenar de basura su psiquis, cumple con los siete pecados. Se los explico mejor: es sumamente SOBERBIO y se viste de persona docta y honesta. Asumimos que por su ampuloso sobrepeso es sumamente PEREZOSO, porque mover esa masa adiposa no es físicamente fácil. En materia de apetito sexual para describir la LUJURIA pues no me consta, pero los galenos como mi vecino, podrán certificar que al ser llenados los cuerpos cavernosos del instrumento de la lujuria con sangre, pues el corazón deberá bombear con más fuerza y creo que en su caso ya tiene suficiente para irrigar el cuerpecito, de manera que asumiremos que su lujuria está un poco en merma. Posee una gran capacidad de acumular riquezas, cueste lo que cueste, de manera que califica como AVARO. La verdad es que nunca lo he visto IRACUNDO, pero no me importa porque seguramente después de leerme lo estará. ENVIDIOSO si lo es al extremo y se pasa de un bando a otro precisamente envidiando estar en la acera que considere correcta para el momento, sin reparar en las consecuencias éticas ni morales y por supuesto he dejado de último a LA GULA, porque es evidente su ampulosa ingesta de carbohidratos que intenta disimular dentro de su eterno traje negro. ¿Ya saben quién es?

Fernando Savater, con maestría en el uso de las letras define a la ética como las reglas que usamos en esta vida para precisamente vivir mejor y habla de la religión como las reglas que usamos para vivir mejor en la próxima vida, ¿interesante este ángulo, verdad? El diccionario dice algo similar pero sin espíritu, define una palabra, pero en realidad es Fernando quien la redondea.

El Abogado Hermann Escarrá, al que llamábamos el bueno, porque pertenecía a la oposición, mientras que su hermano (el malo y también abogado fallecido cual empanada en un motel, en secretas circunstancias) era del oficialismo, ha dicho en los medios que la Constituyente de Maduro es indetenible y justifica con "un tono pontificio" el ahora artificio que intenta vender porque si no, no cobra.

Escarrá: la ética es importante en la vida, pero si la violas por decisión propia, pública, notoria y mediáticamente, yendo en contra de lo que antes vociferabas, ¡si haces eso!, al menos deberías guardar un poco la estética.

UN PUGILATO HISTÓRICO

Me han llamado muchos amigos, de todos los oficios, pero sobre todo periodistas con quienes he tenido entrevistas por años y a todos he dicho lo mismo: "tú eres el conductor de tu programa, tú eres quien rige y ordena el rumbo y debes ser hábil para hacerlo, porque debes estar preparado para las sorpresas y ángulos que como entrevistado tengo para ti, como una sorpresa que seguramente te sacará del juego y puedes tener una alta probabilidad de quedar mal"

Jaime Bayly, me ha entrevistado unas tres veces. Lo considero el mejor, el más agudo y además tiene sangre fría. Es un escualo sin piedad, huele la sangre y va a morderte en alguna parte noble y seguramente pudenda. Se requiere inteligencia y por ende buen humor, si, humor sarcástico e infame; y él está absolutamente seguro de lo predicho, porque ese es su show, es su casa y cada quien en su casa hace y ordena lo que se debe y puede hacer.

Con detenimiento he visto la entrevista que ha hecho a Rafael Poleo, a quien conozco y quien ha estado en mi casa y seguro estoy que se excedió en varias cosas: decir que Jorge Rodríguez es un hombre culto, requiere de revisión que con una simple pregunta se aclara: ¿culto con respecto a quien o a qué? Y me temo que no existe una respuesta que al menos sea aceptable, adecuable y ejecutable, pero más allá de eso, seamos pragmáticos, se los ruego.

Mandar a callar la boca al entrevistador es a todas luces inapropiado. Si alguien lo hiciera conmigo, no sé cómo reaccionaría, pero supongamos que es en un sitio público y dejemos la guapería para los bares de dudosa reputación, pues, yo me pararía en silencio y me retiraría, pero si es en mi casa (o en mi show), no tengan duda que sería sacado a trompicones, patadas y kung fu.

El volumen de la voz y el tratamiento recibido por Jaime fue desproporcionado y eso es traspasable a nosotros los venezolanos, porque esta gente ha hecho mucho daño, uno de proporciones aún desconocidas pero sospechosamente profundas y difíciles de igualar, de manera que si el infame psiquiatra es culto, ¿Qué importa?, es un pillo, tramposo, mal nacido, sin vergüenza y traficante de esperanzas, por ello, considero que la razón asiste a Bayly. Pero por otro lado, Poleo podría tener un atisbo de razón al afirmar que él no puede decir lo que Jaime quiere escuchar, pero es que se le vieron las costuras al Señor Poleo, lo del petróleo, lo de Rodríguez, lo de las instituciones del gobierno venezolano y todo acompañado con un tono más que vehemente y lindante al irrespeto.

Creo que ha sido un excelente show, sí señor, ha sido un pugilato histórico, entre un par de boxeadores insignes. Uno que defendía la corona y el otro que la quería. Tal vez este sea un mal ejemplo, pero me temo que se tiene bien merecido el corte que hizo el conductor al despedirle junto a su mala manera.

LOS LOCOS HISTRIÓNICOS

Se les nota la patología, no pueden ocultarla, es una esquizofrenia general y me atrevo a decir esto, so pena de ser castigado por mis amigos psiquiatras y psicólogos, pero es así, ¡ya no lo podemos negar!

La invención de epopeyas y superhéroes inexistentes, el uso indiscriminado de la palabra honor, los caminos cosméticos que toman para suplir la realidad, las falsas heroicidades, donde importa más el modo, la forma, que el verdadero objetivo, así son, todos tienen su propio programa de televisión o radio donde drenar la locura.

Esto pasa en cada evento: el locutor, con voz engolada como si se hubiese tragado a un hombre, dice lo siguiente en el paseo Los Próceres: "Se aproxima a la tribuna de honor (y yo me pregunto: ¿Qué tiene de honorable?) El quincuagésimo septuagésimo tercer Batallón de Infantería mecanizada "Bravos de Apureeeee", gallardosssss, todavía con la punta de sus lanzas llenas de la sangre realista" y yo aseguro que no existen tantos batallones.

Si le pidiéramos a Maduro que escribiera la cifra prenombrada en números, inmediatamente acudiría al Ministro de Finanzas, quien a su vez correría impávido a buscar al Presidente de Banco Central de Venezuela, quien por supuesto diría en los medios que esa información no la puede dar por cuanto las reservas internacionales dependen del secreto de Estado instituido por el Comandante Eterno, que ya no está con nosotros.

Por otro lado, los infelices soldados están allí desde las cinco de la mañana y al momento de pasar frente a la honorable tribuna, lo menos que se nota es gallardía. Le puede seguir un colectivo de malandros en motos chinas, también el componente de la milicia bolivariana, una suerte de indigentes desasistidos cuyos uniformes no parecen de ellos sino de otros muertos de otros combates.

Para el Gobierno, a la misma altura de Batman y Spiderman, está el novel superhéroe Zamora. Se decretó día no laborable, las empresas perdieron de acuerdo a los sondeos conservadores la inmensa cifra de $143 millones, tan solo por no trabajar el día del superhéroe y celebrar el desfile que también costó.

Aparece el monstruo Milton (Maduro) ¿lo recuerdan? Con un liqui-liqui gris ratón, más grande que él, solamente observen el chusco corte del traje en lo grande que le queda el cuello, matizado con una banda y un collar de oro.

Esos discursos histriónicos y a la vez palurdos, el batallón de Generales gallardos también, aplaudiendo y vigilando que nadie se vaya del fastidioso evento inventado.

Son los dueños del erial, ese campo sin cultivar donde quieren recoger la cosecha y así no es, la naturaleza no funciona así, los brutos e incapaces mandando y reforzando un proyecto fallido en todos sus ángulos, pero que quieren ser seguidos y ya nadie les cree. Los narco sobrinos presos por siempre y nadie osa hablar de ello. Un mandatario extranjero y un Vicepresidente sirio y camorrero. Actores disfrazados a la usanza en esa obra de teatro nacional y los militares dirigiéndola.

¡No hay dudas de que estamos en manos de unos locos histriónicos!

LA ASCESIS EN RAMO VERDE

No quiero imaginarme el caos, o mejor dicho, si me lo imagino y hasta lo estoy disfrutando. Los gritos del Comandante de la cárcel, la celebración de los demás presos, las preguntas sobre todo los ¿por qué?, los ¿cómo? los ¿dóndes?

No hay dudas, ya estarán redactando los informes, ya estarán persiguiendo a estos nueve oficiales que han hecho lo correcto, lo cual es sublevarse contra la tiranía, por cuanto están acusados por los conspiradores de conspiración y pareciera una redundancia y tal vez, con muy altas probabilidades lo sea.

Esta es una noticia que está en pleno desarrollo, inclusive a esta hora ya hubo un enfrentamiento a tiros con la policía donde de acuerdo a algún reporte hay un par de heridos, pero tal vez no sea tan cierto, lo que si lo es totalmente es que es el régimen el más herido de todos.

Muchas veces fui a la cárcel de Ramo Verde, a visitar a compañeros en desgracia y esta es la primera vez que lo digo, porque creo que no es algo para vanagloriarse, pero sobre todo en Diciembre fui a tratar de mitigar algunas depresiones que siempre el encierro obliga, lo hice clandestinamente, sin publicidad, como deben hacerse las obras humanas en un país sin ley, un país alevoso, delincuencial y cuyo futuro desde la llegada de Chávez posee, por decir lo menos un horizonte yermo.

Yo me encuentro muy contento que lo hayan hecho y les felicito por la valentía y el arrojo.

Esta palabra ascesis, que de alguna manera me subyuga, define las reglas para la liberación del espíritu y logro de la virtud.

Insisto, que ante la injusticia, lo lógico, lo humano, pero sobre todo como profesional de las armas, es la sublevación, la insubordinación, el salto a la talanquera, lo que impone la hombría, los principios y los valores.

Tan solo nos resta orar por la suerte de estos valientes obstinados a los que deseo bienaventuranzas, porque son hijos venezolanos de la promoción apenas del 2012, de manera que son muchachos que también luchan por el futuro de todos los demás, pero desde las filas de adentro, donde hacen más daño.

¿Están los ciudadanos venezolanos cansados del régimen? Pues ayúdenlos y esto incluye a los gobernantes, a los escasos gobernantes de la oposición y voy a tratar de no exagerar, voy a intentar ser equilibrado, pero con este golpe, con esta cachetada a la autoridad, infiero que ha comenzado la lucha armada, la temida lucha que consiguió este gobierno por cerrar todas las puertas de la libertad.

Quiero recordar que el Capitán Caguaripano, valiente oficial de valores, fue hecho preso por la policía de una alcaldía que pensamos era opositora y en silencio me pregunto: ¿hasta cuándo van a jugar a ser democráticos con estos pillos?

La sublevación es un derecho constitucional y la ascesis, las reglas para la liberación del espíritu, comienza desde los principios, los derechos y los valores que al ser vulnerados ilegalmente, deben ser exigidos por todos los métodos posibles.

UN PACTO FAÚSTICO

Cuando llegué a la casa de esa querida familia, se puso de pie, no me dio tiempo de saludar a nadie, me abrazó y me dio un sentido beso en la mejilla derecha. Nos vimos alguna vez en la Escuela Naval, por allá en 1979, cuando calificamos a la más hermosa profesión, fue nuestro compañero y el párroco le llegó a decir: "tú no sirves para esto, tu verdadera vocación es ser cura" y así lo hizo. Originario de una comunidad indígena del oeste del país, los llamamos goajiros y son recios, mandones y creo que tienen sus propias leyes porque asumen que el planeta es secundario y un antipático anexo a sus tierras ancestrales.

El Padre José Palmar, me demostró su oceánica cultura, es un tipo encantador, habla cuando lo desea, como un laico, lo que lo acerca a su feligresía pero cuando se consigue a un tipo como yo, habla como lo que es: un docto, filósofo, teólogo profundo, santo pensador y operador de Dios, pero a lo que vamos. En la muy larga y santa conversación platicamos del Padre Gabrielle Amorth, el exorcista vaticano a quien le dediqué el segundo capítulo de mi obra: "Divinos, luego humanos", hablamos de los cinco tipos de agnósticos y muchas otras cosas más que probablemente no les interesen, pero lo que sí, es que Palmar fue chavista al principio y en algún momento en que presenció una de las atrocidades y abusos de Chávez, al quedarse solos en el despacho le dijo: "Presidente, Usted acaba de cometer un acto de corrupción con ese Coronel, lo acaba de obligar a corromperse", "ciertamente, le contestó el occiso y agregó una frase satánica: "corrómpete y serás mío" y allí Palmar, hombre íntegro, decidió no solo dejar de participar sino oponerse absolutamente.

En un juego de béisbol en el interior, se consiguieron y Chávez le abordó notablemente extrañado de la conducta del cura. Estaba llegando de Cuba donde había ido acompañado de muchas personas pertenecientes a diferentes cultos religiosos, el caso es que el Padre Palmar, le vio a los ojos y le dijo de frente: "hiciste un pacto fáustico, ¿verdad?, quiero que sepas que eso dura diez años, en el dos mil doce te vais al otro mundo y Chávez bajó la mirada.

Convencido de sus posiciones, templado como el más duro acero, de convicciones a prueba de balas, José Palmar fue torturado severamente por el régimen, le rompieron en los Servicios de Inteligencia, siete costillas y con la culata de un fusil, a golpes, le sacaron los dientes.

Hacía mucho tiempo, créanme, que no conocía a una persona que me hiciera temblar de vergüenza. Ese hombre posee la reciedumbre del titanio y la textura del algodón, el poder de decisión de un comandante de buque y la indudable convicción de que es Dios quien rige nuestros destinos. No se doblega, no tiene bienes, no duda ni un segundo y de paso tiene un buen humor excepcional. Fue un privilegio haber recibido de mi compañero la bendición.

Conocer a personas como el Padre Palmar, me convence aún más de ser un instrumento de Dios, una brizna en la brisa o una gota en el Océano.

EL MIEDO NO DA RABIA

Si yo fuera el Vicepresidente de Venezuela y el Departamento del Tesoro de los Estados Unidos me acusara de narcotraficante, compraría una botella de Champán y tocaría la puerta del abogado Luis Fernández a cualquier hora de la noche, mandaría a buscar en mi avión a mi otro abogado Freddy Barranco y los tres celebraríamos que seguramente seremos millonarios pronto, porque es imposible que tengan la más pequeña evidencia.

Lo lamento pero este cuento no es así, porque cuando el temible Departamento del Tesoro acusa a cualquier ciudadano de ese grave delito es porque debe tener miles de pruebas, pero cuando el ciudadano es el Vicepresidente de un país, creo que las pruebas se multiplican por cientos de miles, porque está de por medio un inmenso costo político.

Hay personas que no saben de las tropelías de Tarek El Aissami. Entre ellos los más importantes son Nicolás Maduro, la Canciller Delsy Rodríguez y el Ministro de la Defensa Vladimir Padrino y creo nuestro deber intentar ilustrarlos: el acusado fue botado con deshonor de la Escuela

Naval de Venezuela por haber cometido el delito de hurto comprobado en sus años mozos, luego fue una suerte de guardián de guerrilleros en la Universidad de los Andes, hacemos el salto correspondiente para finalizar informándoles sobre sus nexos con células terroristas, porque evidenciamos, suponemos, sospechamos que ya saben lo de narcotraficante desde aquella improbable entrevista que se le hizo a Walid Mackled quien se encuentra precisamente preso por narcotráfico.

Si yo fuera el Vicepresidente, ya estaría solicitando la fecha de la corte y ya habría hecho la reservación en el "Hereford Grill" donde me emborracharía para celebrar y determinar el monto de la demanda a la que sometería al gobierno por difamación y luego haría del conocimiento público la cifra, para que sepan que con mi honradez, mi integridad y mi prestigio nadie se mete, pero….hay pero, ¿y si yo si fuera narcotraficante?

Han salido en los medios de manera furibunda la Canciller y el pobre Ministro de la Defensa paradójicamente a defender al Vicepresidente. Se les nota disgustados, porque asumen que esa personal acusación es contra el país todo y resulta mis queridos lectores que ¡el miedo no da rabia!

Si algún compañero de trabajo es acusado de robar un lápiz de la oficina, les aseguro que no daría ninguna opinión hasta haberse llevado a cabo las investigaciones, porque no fui yo quien lo robó, porque luego de leer a "Los Miserables" puedo entender que puede a la vez pasar y porque yo no soy la justicia ni el dueño del lápiz.

En el país al revés, nadie habla de investigación sino de ataques, y consideramos todos los ciudadanos que la acusación debería ser probada en primer lugar para luego atacar, asumiendo que todos somos inocentes hasta que se demuestre lo contrario, pero, ¿y si realmente es narcotraficante?, por los momentos a los funcionarios del gobiernucho venezolano, les recomiendo que no se molesten, eviten la agrura, porque: "el miedo no da rabia".

GANANDO EN DISTANCIAS CORTAS

Es que tú me engañaste, me ha dicho más de una.

No señorita, no la he engañado, yo siempre quise tener sexo contigo y te lo pedí directamente, sin rodeos, sin tapujos, sin ocultar nada.

¡Pero es que yo quería algo serio!

¡Pero yo quería algo rochelero!

Ella: yo pensé que cambiarías.

Les informo que en el diálogo anterior, la que miente es ella. Sí, porque ella también quiso tener sexo, sabroso, lujurioso, candente, grotesco, sudoroso, malvado y con muchos intercambios de todos los fluidos corporales, pero, ella aduce luego de la batalla que ¿quería algo serio?, pudiese agregar que fue pisoteado su honor, que ahora debo casarme con ella, que estaba en sus días más fértiles (para seguir amenazándome mintiendo) y cualquier persona menos centrada pudiese entrar en la duda de si es buena persona o no y resulta que no se trata de eso, se trata de quién miente para obtener sus objetivos, por supuesto todo esto debe ir acompañado con un vigoroso llanto.

Con las mentiras se puede llegar sumamente lejos. Hay maestros en ella, de hecho se estudia profesionalmente y se avanza y se avanza hasta el horizonte. La mentira es como la droga, una vez que eres adicto es casi imposible volver a ser el mismo. También podríamos compararla con la mafia, cuando entras, la única manera de salir es muerta. Pero a lo que vamos hoy: he leído lo siguiente que debo mostrárselos, por dos razones: en primer lugar porque me impactó y en segundo lugar porque no sé quién lo escribió y creo que merece una estatua en bronce y tamaño natural; "Con las mentiras se puede llegar muy lejos, pero lo que no se puede es volver" y es esta, parte importante de las razones de mantener el régimen de Maduro, no se pueden devolver y siempre han ganado en distancias cortas.

Recuerdo al culpable de todo esto, Hugo Chávez, decir que "en dos años no habrán niños abandonados en las calles" "que convertiría al Palacio de Miraflores en una Universidad" "que al General Sucre lo asesinó la oligarquía" y uno más notable "Zamora fue un héroe", todas carreras de distancias cortas donde siempre ganó, pero una sobre otra el pueblo ha aprendido y eso que dice la chica del diálogo: ¡es que yo pensé que tu cambiarias! De patraña en patraña hemos aprendido que no creen en nada que no sea el desfalco.

Como yo les entiendo, no pueden ahora devolverse y decirnos lo que realmente piensan, pues les conmino, les invito, les convido a entregarse porque ya no tienen más escapatoria y esta distancia otrora corta en la que Chávez con maestría ganaba y aplacaba los ánimos, ahora es larga, demasiado larga y nadie cree en sus mentiras.

El pueblo venezolano quiso en un momento, la rochela revolucionaria, pero ahora queremos la seriedad y el respeto de la democracia y los derechos. La fiesta se ha acabado y el último chavista en la lista que se vista y apague la luz, porque la justicia, ¡la verdadera justicia!, ahora se hará cargo.

YO NO LIMPIÉ POCETAS

Pasaba, con una amiga o tal vez ¿enemiga?, hace algún tiempo por Coral Way, frente al bar "La bodeguita del medio" y me comentó: mira qué bonito, quedó bellísimo, tenían tiempo arreglándolo, ¿lo conoces?

Guardé silencio por un momento mientras pensaba y le respondí: lo conozco muy bien, porque yo trabajé allí, durante su construcción. Yo le apliqué un producto antiincendios a toda la estructura, una suerte de espuma tóxica, tanto, que me disfrazaban como a un astronauta y me sacaban cada quince minutos para que respirara sin la máscara, aire fresco y yo recibía agradecido, la fortuna de diez dólares por hora.

También trabajé en la construcción de un edificio en Ponce de León Boulevard y la pregunta no se hizo esperar: ¿y tú eres también ingeniero?

Mario Moreno "Cantinflas", llegó a decir en una de sus muy cómicas pero también aleccionadoras películas, que como él vendía periódicos en la calle, entonces era periodista.

No, le contesté, yo era un obrero de la construcción porque nadie quería darme trabajo porque estaba sobre calificado y tendrían que pagarme mucho, además tenía cuarenta y cinco años de edad y de todos mis estudios de pre y post grado, creo que el mejor de ellos, el que más me enseñó fue haber trabajado hasta el agotamiento físico en la construcción, luego, en la noche me vestía con un traje de Ermenegildo Zegna que costaba una fortuna, una corbata de $150 y salía en la televisión como un gran Señor, pero para contestarte, la respuesta es NO, no soy ingeniero, lo que soy es una mejor persona después de esa agradable experiencia que ahora veo con cariño y agradecimiento.

Ella no entendía, era evidente su frustración, pensaba que le mentía y repreguntó: ¿y cómo siendo obrero podías vestir de Zegna?

Eran mis trajes que tenía en Venezuela y que mis hijos los trajeron junto a mis palos de golf.

Toda una dicotomía ¿verdad?

¿Seguimos? Manejaba mi vehículo por Brickell Avenue. Un joven de unos veinte y tantos, sucio y descalzo, seguramente americano, rubio, caminaba a la buena de Dios con cara de desesperanza. Le llamé y me quité los zapatos y se los di y él sonrió para decirme que era talla 11 y me los devolvió con agradecimiento.

Nicolás Maduro en su sorna malhumorada y chusca, dice que nosotros nos venimos a Miami a limpiar pocetas y a mí me da mucha risa, porque solo los que hemos estado aquí y hemos comenzado desde cero, (sabemos la bendición de ejercer un oficio para el que nunca en nuestras ibéricas y absurdas costumbres monárquicas heredadas de España donde el trabajar es para los pendejos), entendemos que eso es solo el derecho de pagar el piso, en un país que no nos esperaba, pero que nos ayuda, con su excelente estructura, a crecer, a ser libres, a prosperar y a ser mejores y más sencillas personas, más sensibles y con menos paja en nuestros cerebros, de manera que, entiendan compatriotas, que el limpiar pocetas o ser obreros es una bendición dada a pocos y es el principio de una excelente vida.

INFELICES MERCADERES

Y mi compadre me preguntó: ¿y tú conoces a este infeliz mercader?, ¿al Vicealmirante Belisario, de acuerdo a lo que me mandan por el WhatsApp? Y continuó: "estaba haciendo un mercadito en Aruba"

Tanto a Ángel, como a su hermano Gustavo, a su muy digna y elegante Madre que los iba a visitar a la Escuela Naval, los conozco desde Julio de 1979, ¡imagínate compadre!

Estamos frente al mismo problema que los cubanos del exilio me han contado hasta la saciedad. Gritan ¡hasta la victoria siempre! Cuando quieren decir: ¡HASTA LA VICTORIA SECRET!, con Chávez estamos dispuestos a pasar hambre y salvar la revolución…. ¿realmente lo creen?, ¿creen que sus más conspicuos representantes como es el caso de Ángel Belisario, ex Ministro de pesca, crea que van por buen camino cuando se va a otro país a hacer mercado?

Déjenme explicar este ángulo para defender a mi amigo Ángel Belisario Martínez, creo que el tiempo y la antigua amistad merecen que yo le defienda, entienda, ayude: en mi caso personal, si yo no consigo la pasta de cangrejo que deseo para tomarme el whisky de malta que me regalaron, pues me voy a aquel automercado francés de exquisiteces, porque me gusta, porque trabajo para darme algunos gustos pero sobre las anteriores, porque ayudo en la medida de las posibilidades a que las personas sean más prósperas. Me parece lícito que Ángel vaya a otro país a hacer un mercadito porque el gobierno tiene hambreado a toda la ciudadanía, ¡eso es legal!, ¿verdad?

El problema de mi amigo, es que siendo el uno de los Ministros de Maduro, que tiene que ver precisamente con la alimentación, que ha repartido las bolsas infames de comida CLAP, que suponemos hasta ese momento que cree en lo que está haciendo por el bien de lo que suponemos que cree que va bien, vaya a Aruba, a escasas dieciocho millas náuticas de distancia a darle la espalda a la realidad del país que indefectiblemente ha ayudado a construir o tal vez a destruir.

¡Creo que es un infeliz mercader!, pero no todo es malo, porque él es uno de los pocos infelices mercaderes del gobiernucho que aún puede salir del país sin ser detenido, de manera que creo que debería aprovechar y comprar muchos enlatados y provisiones no perecederas antes de que ya no pueda hacerlo más.

No es un problema de ir a Aruba, por favor, es un problema de destrucción más que del aparato económico, de la moral, del futuro, de la esperanza en uso de la muy mal afamada frase "¡sálvense quien pueda!"

Me gustaría que me leyeran los muy fanáticos y pocos chavistas que aún quedan, porque deberían preguntarse cuando le entregan la bolsa CLAP, ¿Qué hacen negociando su hambre con estos infelices mercaderes?

EL QUINTO PUNTO CARDINAL

Después de dieciséis largos años a bordo. Tras haber ocupado el cargo de navegador de una Fragata de misiles guiados, tras haber sido jefe de operaciones de varios buques y Comandante de cuatro de ellos, pido disculpas por mi falencia profesional, ¡pero lo ha dicho el Presidente!

¡Hay cinco puntos cardinales!, lo dijo por televisión y de acuerdo a su alto cargo, inferimos que debe estar muy informado o por lo menos más que yo, para aseverar tamaña sentencia.

Hasta que vi el video del Presidente hubiese jurado sobre la Biblia y también el Diario de Navegación y Puerto, que los puntos cardinales eran cuatro y forman parte de una exquisita tradición que paso a contarles, pero deben estar claros que esta es la historia es vieja porque ahora hay otro punto cardinal:

"Los puntos cardinales son los cuatro sentidos que conforman un sistema de referencia cartesiano para representar la orientación en un mapa o en la propia superficie terrestre. Estos puntos cardinales son el Este, que viene señalado por el lugar aproximado donde sale el Sol cada día; el Oeste, el

punto indicado por la puesta del Sol en su movimiento aparente, y si a la línea Este–Oeste se la considera como el eje de las abscisas en un sistema de coordenadas geográficas, el eje de las coordenadas estaría descrito por la línea Norte–Sur, que se corresponde con el eje de rotación terrestre. Esta composición genera cuatro ángulos de noventa grados que a su vez se dividen por las bisectrices, generando Noroeste, Suroeste, Noreste y Sureste. Se repite la misma operación y se obtiene la rosa de los vientos que es usada en navegación desde siglos ancestrales"

Resulta que la rosa de los vientos posee treinta y dos puntas, de manera que están separadas por 11.25 grados y en épocas de Cristóbal Colón que debe estarse revolcando en la tumba, para mover el timón a estribor o babor y tener una medida, se hablaba de cuartas que corresponden a la misma cantidad, 11.25 grados cada una.

Esa palabra cardinal es latina, viene de "cardo" y definía las calles de las ciudades Romanas y correspondía a la calle principal de Norte a Sur.

Para mis colegas de la Armada, que también deben estar tan confundidos como yo, les recuerdo que la coca de nuestras caponas posee treinta y dos corrugaciones o pliegues avalando las puntas de la rosa de los vientos.

Los nombres de los puntos cardinales son de origen germánico:

Septentrión o Boreal para el Norte.

Meridión o Austral para el Sur.

Oriente o Naciente para el Este.

Occidente o Poniente para el Oeste.

Infiero que debemos agregar el nombre del quinto punto cardinal dicho por Nicolás Maduro y recomiendo respetuosamente a la "gente de mar" usar uno como: animalón/ burrón (de burro, creo que en latín)/ gigantón (por el tamaño del inventor que pasa a la historia marítima internacional a partir de ahora)/ tontón (por su inteligencia) o cualquier otro palabra terminada en "won" podría con facilidad calificar.

Hasta hoy, que Dios no ha cambiado el mundo, que no ha modificado la física del efecto de Coriolis ni el de Bernoulli,   HAY SOLO CUATRO

PUNTOS CARDINALES y un animal que inventó un quinto al que debemos buscar o tal vez derrocar.

UNA DIETA DE HIDROCARBUROS

Me temo que la palabra "equiniosis", posee connotaciones de corte médico veterinario, en relación con los equinos.

El Gobernador del Zulia, Estado Occidental de Venezuela, asume en las redes sociales que los apagones que ocurren en su Estado se deben a un fenómeno denominado así y yo le digo que no es cierto ni lo de los apagones ni lo del fenómeno.

Comprobadamente y a nivel mundial, cuando el comunismo hace su entrada, pasan al menos dos cosas interesantes: todo se pone color gris sucio y hay severos cortes de electricidad.

Tratando de comprender al ignorante gobernador, podríamos asumir que intenta sin éxito repetir la palabra "equinoccio" que la Real Academia de la lengua la define de la siguiente manera: *Época en que, por hallarse el Sol sobre el ecuador, la duración del día y de la noche es la misma en toda la Tierra, lo cual sucede anualmente del 20 al 21 de marzo y del 22 al 23 de septiembre.*

Debo aclarar que solo estoy tratando de interpretar al ignorante, creo que es lo que más se le puede acercar a lo que ha querido decir, de manera que suponiendo lo prenombrado, él podría decirme que es un "supositorio" correcto.

Parecen parte de una comedia bufa, de un circo solo de enanos mentales, pero con un ego gigante, sin sentido mínimo del ridículo, de arrogancias impensables. Lo mismo da un Ministro cualquiera, que Delsy Eloína, el gafo de Arreaza, que Diosdado, la poco aseada Iris Varela, que Tarek, son una parranda de ignaros, larvarios, desatados, deslenguados.

Ya sé que se preguntan si le tiraré alguna flor a Nicolás Maduro y no se equivocan, porque me temo que es él, quien les entrena, les conmina, les sugiere detonar con explosivos una de las más bellas lenguas, la castellana y hace horas, apenas, ha dicho en los medios, (donde le gusta lucirse) que se "ha posponido el nuevo cono monetario". Si se ha posponido, entonces tendremos que esperar a que alguien lo termine de posponer, si, es una suerte de trabalenguas, porque aquí la idea es confundir, de manera que me parecería totalmente factible que en el país de los flacos por inopia, donde me temo que los pocos gordos están en el gobierno, pues, sería totalmente natural que entraran a una dieta de carbohidratos, pero no, lo lógico, a lo que el país está acostumbrado es que se equivocaran e hicieran una dieta de hidrocarburos.

Decía el maestro Cecilio Acosta que: "hablar y escribir bien, hasta hoy que Dios no ha cambiado al mundo, es la única razón conocida del talento" y es esa palabra "talento" la que falta en la banda de asaltantes de camino que gobierna, nada saben, nada conocen, la lenidad es la consigna, nada aciertan, nada hacen, nada y más nada.

No es lo mismo una dieta de carbohidratos, pero yo sugiero que todos ellos hagan una de hidrocarburos a ver si logramos químicamente, mermar las deposiciones que hacen sobre las cabezas de todos los venezolanos.

MUERTE POR COMBUSTIBLE

Cuando yo veía televisión, había un programa titulado "1000 ways to die", que traduce al idioma de Cervantes y Saavedra: 1000 maneras de morir. Realmente aparecían cosas impensables, dantescas, impresionantemente curiosas, pero nunca vi que alguien muriera por falta de combustible, nuestro combustible como es bien sabido son los azucares entre otros, pero lo que paso a relatar es la loa a la negligencia más grande y no deja de ser como el programa prenombrado, dantesco, impensable, impresionante y curioso.

¿Sabían ustedes que de acuerdo a las normas internacionales de aviación, debe cumplir con los siguientes requisitos en materia de combustible antes de despegar?, fíjense que lógico: por supuesto que de acuerdo a las millas que supone que volará entre el aeropuerto de salida y llegada, deberá calcular de acuerdo a los consumos nominales del avión, el combustible que quemará, ¿lógico verdad?, pero no podrá despegar, por lo menos de uno de los aeropuertos de los Estados Unidos, si no ha previsto el combustible necesario para ir a su aeropuerto alterno también, ¿lógico verdad?, a esto le agregamos que se le exige unos treinta minutos más de combustible por si tiene que esperar a que le den pista, o sea, autorización para aterrizar, a mí también me suena lógico esto y de paso es mandatorio tener un diez por ciento más para su vuelo normal, pero en Bolivia y en una aerolínea venezolana eso se lo pasan por el procto y han despegado sin entender la matemática más elemental, la física más primaria y la química de los fluidos, se los explico mejor: la velocidad es igual a la distancia entre el tiempo de vuelo o navegación en el caso de nosotros los marinos y el lamentablemente el siniestrado avión Avro 85 tenía una autonomía de 1807 millas náuticas y la distancia entre el aeropuerto de Santa Cruz en Bolivia y Medellín en Colombia es de 1810 millas náuticas, ¿no puede llegar, verdad?, pues los pilotos, la empresa, los técnicos, los controladores de guardia en Bolivia no entienden de esto y fallecieron a ocho cortas millas setenta y un personas entre los que se encontraban los atletas del equipo brasilero de futbol llamado Chapecoense, solo sobrevivieron cinco jugadores, una azafata, un técnico y un periodista.

El aeropuerto de Medellín es por decir lo menos, complicado, por las montañas que le rodean, pero no quiero imaginarlo de noche y sin conocer las aproximaciones, pero que les parece si les digo que esta tragedia FUE HECHA EN SOCIALISMO?

Un vuelo chárter de una aerolínea venezolana de tres aviones de los cuales dos están en mantenimiento, pero el único avión operando tenía matrícula boliviana (CP2933) y como sabemos, un accidente es un cúmulo de incidentes y se aplastó contra el planeta en el cerro Gordo en Antioquia e informó, imagino que por vergüenza, que tenía problemas con el combustible, no, no tenía combustible que no es igual y muy diferente.

¿Qué les parece si les digo que el dueño de la aerolínea es un enchufado venezolano de nombre Ricardo Albacete, empresario de fortuna y actividades desconocidas y cuya empresa no funcionó en Margarita y para no cambiar el nombre se fue a Mérida y al fracasar a Bolivia?

¡Donde el socialismo entra, siempre se consigue una nueva manera de morir!

LA COPA ROTA

Pueden buscar el mejor de los pegamentos en el primer mundo, pueden también buscar y pagar al mejor de los artesanos para que haga el trabajo, pero jamás podrán dejar la copa en su estado original. Así son las reputaciones, también la virginidad y en mayor grado, así es la desilusión.

Nadie cree que el gobiernucho va bien y este aserto incluye a Nicolás Maduro a Cilia, a Aristóbulo y Diosdado.

Por cierto, que si me invitaran a bautizar a algún niño llamado Aristóbulo o Diosdado, no lo dudaría ni por un segundo, porque ya sería una carga suficiente ostentar esos nombres cuasi elitescos.

La copa está rota, está hecha añicos y no saben cómo repararla por el simple hecho de que ya no tiene ni acepta ninguna reparación. No quiero imaginarme esas conversaciones de cama, no quiero ni pensar en esa esposa del Comandante del regimiento de la Guardia Nacional que reclama airada, tanto el riesgo de vida de su marido, como el inepto gobierno al que defiende, porque hay otra lectura mi querido lector: ¿se han dado cuenta que con todo un país revuelto no han sacado al Ejército ni a los Infantes de Marina? ¿Por qué creen que no usan esa fuerza que está allí supuestamente a la orden?, pues les contesto, ¡porque bien saben que se les van a voltear!

Fíjense lo que paso a relatar: como algunos saben, yo fui militar naval, que a mi juicio hace una diferencia, pero para aquellos individuos de tierra, después de cuarenta días de repudio, de hambre, de hastío, de maltrato, les aseguro que ya no dan más y es probable que Usted no me crea, cosa que me tiene sin cuidado, pero no le miento, ¡es fácil determinar esto!

Este es un blog para personas inteligentes y de buen humor, aunque en estos tiempos escasean ambas, no es una crónica periodística, de manera que le invito a abrir su mente preguntándose: ¿Qué creen Ustedes que piensa después de la avalancha de venezolanos en la exclusiva urbanización en Orlando, Florida, el vecino americano del Almirante Carlos Aniasi Turchio?, como es evidente ya deben estar redactando lo que se llama el "Complain ante el board de propietarios", me refiero al reclamo ante la junta de condominio, porque nadie desea tener a un vecino tan indeseable por la comunidad. Ni siquiera a los sicarios, narcotraficantes de baja laya, a los mafiosos connotados de la peor época del Chicago de Capone, le pasaba esto.

Podría seguir esgrimiendo casos que todos hemos visto en las redes sociales, como el de la joven Rodríguez en Australia o el infeliz afeminado sacado a trompicones del Don Pan del Doral, pero no tiene sentido, porque la copa ya está rota y me temo que antes del próximo tribunal de Núremberg que se llevará a cabo cuando recojamos los pedazos de la copa, la vergüenza de haber contribuido al desfalco más grande de la humanidad (y no exagero con esto) es un ultraje inolvidable a la fenecida revolución que solo existió para robar, violar, destruir, mal educar, asaltar y romper las copas de la decencia y el orgullo de la venezolanidad.

AZUZADOS POR LA VANIDAD

Por supuesto que estoy de acuerdo con la manifestación en contra de los venezolanos en Panamá y ¿saben porque? Porque al no poder venirse algunos de ellos a los Estados Unidos que es donde realmente quisieran lavar sus dineros mal habidos, debido a las estructuras recias de este país de instituciones, se han ido, como lo ha hecho un indeseable como Juan Barreto a la bella Panamá.

No todos los venezolanos lo merecen, eso está absolutamente claro, pero ¿qué les parece si revisamos la inmensa cantidad de chavistas furibundos desfalcadores y secuestradores de su propio país, Venezuela, que se van a continuar la fiesta en el Istmo?

¿Qué les parece que el cuarenta por ciento de la cocaína producida en Colombia pasa por Venezuela y de allí a los destinos como Panamá, donde invierten sus dineros y deterioran la economía?

¿No saben que es ella, Panamá, el refugio más deseado por los lavadores de dineros llamados los enchufados?, donde han conseguido debilidad de estructuras que le pongan en la calle y al final

¿saben qué? Somos todos culpables de aceptar en nuestros círculos sociales a los enchufados.

Por aquí hay algunos, gastando a manos llenas para obtener un status migratorio que no obtendrán, mientras que el sistema se beneficia de que dejen pegados en las calles y en las lujosas tiendas de South Beach sus fortunas y a mí me parece excelente y muy inteligente estrategia y llegará el momento en que serán expatriados al hueco de donde vinieron, pero no creo que en Panamá pueda pasar y por ello prefieren ir allá. Una economía pujante, una sociedad amable y de paso se habla español, tan latinos como nosotros y por ende tan susceptible de violar alguna parte de la ley, ¿bueno verdad? Yo también lo hiciera y me llevara conmigo mis vicios en aquello de hacer negocios oscuros, pero algunos ciudadanos están asqueados y por ello han decidido hacer una marcha contra los venezolanos.

A los venezolanos de bien, mi recomendación es apartarse del Don regalón, simpático y borrachín que les dice que es un empresario sin pasado conocido, no permitiendo ser azuzados por la vanidad; y la amable ciudadanía Panameña entenderá que no todos somos iguales, pero mientras Usted se reúna, aplauda las gracias del ladrón y hasta se beneficie tomando el whisky gratis en la fiesta, que su bolsillo no puede comprar, pues debemos incluirlo entre los indeseables.

Me han llegado escritos recordatorios de la historia cuando fuimos receptores de inmigraciones deseables, pero debo recordar la mala fama que tenían los colombianos en su totalidad por la proterva conducta de pocos colombianos en particular y es eso lo que ahora sucede, de manera que déjense de tonterías y sean Ustedes mismos, los venezolanos de bien que viven en Panamá, los que pechen, detesten, excluyan, denuncien, abstraigan, critiquen y separen de sus familias a los saqueadores, lavadores de dinero, gritones que creen estar por encima de la ley que violan pagando favores en lo que han dejado como país.

Dejen de acudir a Bolívar cuando liberó a cinco naciones y de cuando Manuel Noriega obligó a que muchos panameños llegaran a Venezuela. Estamos en el siglo XXI y tal vez no se han dado cuenta que somos los venezolanos los culpables de nuestro pasado reciente desde la llegada de Chávez y de nuestro corrupto destino.

HORAS OSCURAS

A mi hijo le dije: ¡acabas de aprender en dos horas, lo que a mí me costó años de lecturas!

El verdadero protagonista, no de la película, sino de la Segunda Guerra Mundial, me refiero al Primer Lord del Almirantazgo, (me encanta ese título con tanto abolengo) y Primer Ministro Inglés Sir Winston Churchill, después de haber relevado de su cargo a Chamberlain, comenzó esa dura carrera de inspirar a un país orgulloso de sus tradiciones, pero terriblemente aterrado de la amenaza Nazi, quienes ya tenían sitiada a la Europa continental, después de la vergonzosa bajada de pantalones de los franceses de quienes hablare a posteriori.

Churchill, en esas horas oscuras, tuvo un alumbramiento importante, palabras más, palabras menos: "yo no tengo nada que negociar con Hitler. Negociaré con el resto del mundo para derrotar a ese patán" y me acordé de la MUD y también del conflicto con Guyana y todo esto pasó en el Reino Unido, cuando una importante cantidad de personas acariciaban la posibilidad de negociar con el enemigo, pero la historia es eso, una gran maestra que nos dice que es lo que nunca jamás debemos hacer o por el contrario, nos indica muchos aprendizajes que en estas quinientas palabras trataré de ilustrar.

Hagamos un ejercicio:

MUD: Ustedes deberían dejar el gobierno, ya nadie los quiere, además han violado las leyes y los derechos humanos. Sospechamos que nos han hecho fraude en las elecciones. Maduro es colombiano y así podrían seguir hasta el infinito, bajo la mirada despreciativa de Jorge Rodríguez, la mirada un poco diagonal, esquiva, arrogante pero a la vez femenina de Roy Chaderton o la de Delcy.

¿Creen realmente que hay respuesta para esa propuesta si acaso al menos no existe una solapada amenaza de joderlos? , ¿Creen realmente que estos pillos subalternos de las bajas pasiones, del robo y el saqueo, entienden de democracia? Todo el país, me temo que sin excepciones se pregunta: ¿Cuál es la parte de la dignidad que están negociando en la República Dominicana y cuál será su mínima aspiración?

Vamos a Guyana, sin fastidiarlos mucho: ¿creen Ustedes que algo hay que hablar con personas que tienen más de cien años en esas tierras? Creen que cabría la siguiente pregunta: Señores, Guyana es de Venezuela y se los estamos reclamando, ¿podrían Ustedes devolvérnosla?, sin que exista nuevamente alguna elegante y solapada intención de ¿joderlos, invadirlos, bloquearlos?

Fue una gran película que me demostró que para negociar la paz, no se puede pasar por la libertad, porque te quedarás sin ambas, como le pasó a lo que Hitler llamó, cuando sus tropas pasaban por el arco de triunfo parisino: "la vieja prostituta francesa"

Creo que las negociaciones son en Washington, España, Colombia, Ecuador y Perú, Chile y Argentina, para unir esfuerzos y derrotar al enemigo común.

Fue una gran película, que demostró la importancia del estudio del pasado, para no cometer errores en el presente. Demostró que cuando se trata de la dignidad nacional, debemos ponernos los pantalones y atropellar al incursor.

¡Fue una gran película!

LA ÚLTIMA CHUPADA AL MANGO

Me debato con furor, entre la rabia y la decepción. Muchos amigos me han mandado las fotos de la fiesta nudista del Mayor General de Las Fuerzas Armadas chavistas, socialistas, antimperialista que recibirá la Presidencia de Petróleos de Venezuela, también recibirá el Ministerio del poder popular de petróleo y seguirá siendo el Ministro de vivienda y hábitat. Estaban ellas desnudas, en la piscina, bebiendo champaña y los hipócritas de mis amigos decían de la boca hacia afuera en el WhatsApp: ¡que desfachatez, eso es una burla al pueblo!, hasta que me vi en la imperiosa necesidad de decirles que ellos son unos celosos, envidiosos, mal vivientes aburridos, bien casados.

Me debato con furor entre la rabia y la decepción porque yo no fui invitado a esa lujuriosa fiesta. Normalmente mis fiestas son con intelectuales, serios algunos, los más divertidos, pero a su manera, sin mujeres desnudas, sin escándalos, siempre citamos filósofos que tuvieron a la sazón una vida aún más aburrida que ellos. Qué carajo el Premio Nobel de literatura, los pensamientos de Neruda y Benedetti, Jorge Luis Borges y ese humor para inteligentes, **no y más no**, yo quiero una fiesta así, con strippers, locas borrachas, que no me aporten nada al intelecto, que se rían sin motivo y que celebren el inmenso logro revolucionario de tener dos ministerios y a la gallina de los huevos de oro (PDVSA) precisamente agarrada por los huevos.

Como comprenderán, no voy a aclarar que esto es una chanza, pero hay que ser bien bruto para hacer una fiestita así, de varios millones y de paso dejarse tomar fotos, eso sucede solo en revolución y lo aseguro por cuanto los cubanos bien saben de cosas similares en Angola, entre el fallecido General Arnaldo Ochoa y sus adláteres.

Seguramente el muy bruto general -doble ministro- celebra que ahora si le va a dar la última chupada a la pepa del mango que viene comiéndose, no para prestar un servicio sino por los servicios prestados.

Manuel Quevedo, que es el nombre del infeliz, fue el Comandante del Comando Regional número 5 de la muy vapuleada y desprestigiada Guardia Nacional y ha estado en todas las fiestas de abusos, de asesinatos, de maltrato a la población civil, de violación de derechos humanos y es una animal endoesquelético que camina hacia adelante si se lo ordenan, pero les tengo la guinda del postre, ¿a que no adivinan? También ha sido acusado por el Departamento del Tesoro de los Estados Unidos y eso me confirma que cumple con el perfil deseado por Maduro para ocupar esos tres sensibles e importantes cargos.

La última chupada al mango es una expresión arequipeña o sea, peruana que desde mi punto de vista cuadra perfectamente con la ya vil conducta de estos saqueadores que saben que ya le queda poco por robar.

Me temo que en la chupada de rigor, sospechan que no habiendo efectivo, no habiendo industrias, no habiendo nada, ni vergüenza, ni moral, ni la más mínima norma ética, el prenombrado general fue el chupado en la fiesta que me hace debatir entre la rabia y la decepción.

UN ROLLO MACABEO

Creo que es un decir andaluz. Realmente siempre me llegan cosas de la mal llamada "la última puta", porque la bella Andalucía se ha debatido entre varios clientes en toda su historia, es más, "Andalucía" es una palabra de origen árabe, pero por favor a lo que vamos el día de hoy.

Nicolás Maduro está de cumpleaños y lo ha celebrado como si fuera el líder de Corea del Norte, a todo dar y debo confesarles que a cada instante se me parecen más físicamente: mofletudos, embutidos en ese traje extraño, uno blanco y el otro mulato con bigotes, torpes al caminar y poseen una característica aún más común, son los únicos gordos en sus países llenos de flacuchentos, macilentos, enclenques, famélicos por decir lo menos.

En la Venezuela actual, ya nada impresiona, es una suerte de país lleno de zombis entre los que me incluyo, ya leo las noticias y ¡si nada!, que metan presos por corrupción a seis directivos de la compañía CITGO, tampoco me impresiona, porque a alguien se debe meter preso antes de que el desastre explote y como es de esperar no será a Maduro. Que nombren a Asdrúbal Chávez quien precisamente fue sacado del negocio petrolero por su inocultable corrupción, me temo que tampoco nos impresiona, de manera que esto está como los cuentos Macabeos y paso a explicárselos.

Realmente "Macabeos" pertenecen a los textos bíblicos, pero su particular redacción es tan engorrosa y llena de detalles, que tan solo me permito agregar textualmente un pequeño trozo que sustente mi opinión: "...era la época en que los territorios judíos habían caído bajo el dominio de los griegos quienes habían sucedido a Alejandro Magno...", pero se han hecho famosos porque solo un teólogo amenazado de muerte y de perder su carrera puede tragárselos y para colmo no es un libro sino dos.

Lo que ocurre en Venezuela es un "rollo Macabeo", ya a nadie le importa nada excepto que le vuelvan a subir el sueldo, porque paradójicamente nadie quiere más aumentos. Todos, menos Maduro, han aprendido que subir sueldos dispara la inflación, pero él sigue, mientras celebra su quincuagésimo quinto cumpleaños, rodeado de artistas internacionales y bailando con sus dos pies zurdos mientras mira el piso.

Un rollo Macabeo es en Andalucía, algo aburrido, lectura densa y llena de intríngulis confusos y además pesados, que la gran mayoría no estamos dispuestos a digerir, pues bien, en Venezuela ya nada importa, ya nada impresiona, ya nada duele, porque estos murcigleros saqueadores ni las formas cuidan para robar, destruir, pisotear y vender, lo que con esfuerzo mi generación construyó.

Esperamos que se divierta en la celebración onerosa de su cumpleaños, porque como van las cosas, la comunidad internacional está pensando que sería conveniente que sea uno de los últimos cumpleaños.

LOS OJOS DE LA MALDAD

Por muchos años navegamos por allí, en diferentes buques y con diferentes tripulaciones. Es la tobera natural de esa corriente que viene del Este hacia el Oeste y que por natural y geográfica circunstancia, toma velocidad al pasar entre las Islas de Curazao, Aruba y Venezuela.

La mar se pica, el oleaje se intensifica, la cercanía a tierra, hace aún más peligrosa la navegación y nadie puede dormir durante este paso, por lo menos en los buques de porte menor. Todo se revuelve, inclusive los estómagos y el vómito queda en cubierta como prueba fiel de lo que digo, pero no deja de ser interesante. Considero que aquel marinero que no haya pasado al sur de Curazao y Aruba, pues solo ha escuchado la mitad del sonido y del mensaje del mar, porque es intimidante y también temible, pero siempre pasábamos obedeciendo la malcriadez y los trompicones de Neptuno en esa latitud.

En la Europa de post guerra, los italianos, españoles y portugueses, hablaban en sus pueblos de Venezuela, imaginando el verde paisaje que tal vez consiguió a Cristóbal Colón. Aquellos quienes tenían familiares que ya habían huido a América, enviaban por correo, la aventura de un sitio donde estaba todo por hacer y aunque tenían razón, eso ahondaba aún más, la ignorancia y aumentaba el imaginario colectivo Ibérico, lusitano e italiano, que venían de sufrir una catástrofe de magnitudes bíblicas, con las locuras de Hitler, Mussolini y la pusilánime posición francesa, en fin, sus países, sus morales, sus estómagos, sus familias, sus casas, sus futuros estaban destruidos y algunos maduros, sabían que no tendrían tiempo biológico de poder ver la reconstrucción, porque el daño era muy profundo.

Ante lo predicho emigraban a la sucursal italiana de Buenos Aires, en Argentina, donde me faltó agregar que también se hospedaron de manera permanente muchos alemanes criminales. Fueron otros al bello Uruguay, al Paraguay, Ecuador, Perú, Chile y Venezuela y en lo personal debo decirles que nadie se salva de esa bendición. No hay venezolano citadino, cuyo apellido no tenga una mezcla. En mi caso personal, infiero que andaluz y corso y todos prosperaron, todos llegaron a Venezuela a comerse el mundo y lo hicieron varias veces, porque todo estaba por hacer y además había democracia, comida, emergían grandes escritores, artistas, la educación de los niños era gratis, ¡imagínense que ganga! Y llegaban por oleadas a construir su nuevo país donde se hicieron millonarios y olvidaron la guerra y trabajaron hasta sangrar y les admiramos y me temo que lo seguimos haciendo.

La necesidad, la persecución, el hambre, el miedo y la inmadurez, son cosas muy serias y por ello, el humano emigra, para ser en otro lugar el portugués, italiano o español humilde que llegó a Venezuela a mitad de los cuarenta.

Una veintena de jóvenes venezolanos, han tomado la fatal decisión de huir hacia Curazao a buscar futuro y su embarcación (vaya usted a saber las circunstancias de operatividad de la lancha) ha zozobrado en las aguas infernales y hasta hoy se han conseguido cuatro cadáveres tirados en la playa. Esto ha sido peor que la Guerra Mundial, porque jamás habíamos visto tan cerca a los ojos de la maldad.

CON CARA DE USTED

Estábamos en la frontera Norte de los años ochenta y ese viernes iría la dama que intentaba pretender en aquella discoteca de furor en Valencia. No había cobrado mi segundo sueldo de Oficial de la Marina, de manera que estaba maniobrando en aguas bastante restringidas y sin remolcadores.

Saqué mi traje, la corbata apropiada, limpie mis zapatos y cuando me vi al espejo, puse cara de Usted.

Llegué atrás de una veintena de jóvenes que hacían cola en la puerta. Como yo, no pasábamos de los veinticinco (yo tenía veintiuno) ¿pero quién va a una discoteca en traje y corbata? Un hombrón de piel oscura y cara de asesino, con franela negra ajustada que en letras amarillas decía SEGURIDAD, perdonaba nuestras vidas, no permitía la entrada de hombres solos, menores de edad y de quien a él le cayera mal. De repente levantó la vista y con prisa ordenó a quienes me antecedían que se apartaran y con cierta lisonja en la cara me dijo: "pase adelante Usted, Doctor"

Con dignidad andaluza, me paré a su lado, le vi y con garbo le hice saber que a mi salida, sus atenciones y gentilezas serían recompensadas sobradamente y quiero recordar que no llevaba en el bolsillo, el equivalente al pago de un solo whisky, ¡pero tenía cara de Usted!

La oposición venezolana toda, la Mesa de la Unidad, Acción Democrática y Primero Justicia, en fin no sigamos, déjenme tranquilo, repito: en fin, toda la diáspora en que se ha convertido, no tiene cara de Usted sino de TU. Se requiere un mínimo de pundonor, se requiere una actitud menos rastrera, se requiere un claro objetivo como el que tenía yo al entrar a la discoteca, se requiere respeto propio para exigir respeto, pero yo no estoy contra ellos, yo soy uno de ellos, pero por favor, es importante que entiendan que serán tratados de acuerdo a la solidez psíquica con la que accionen y de acuerdo a las formas de acción propias que le quiten al delincuencial gobierno la iniciativa.

Ayer me llamó José Luis Nápoles de Univisión para preguntarme sobre la sorpresiva e inteligente acción de Antonio Ledezma, con quien me reuní muchas veces aquí en Miami y yo dije la verdad: el Gobierno, específicamente el Servicio Bolivariano de Inteligencia SEBIN, paradójicamente se han dado cuenta que es inteligencia la que les falta, porque el Alcalde Antonio Ledezma, luego de 1002 días de cautiverio, el equivalente a 2.7 años, se les ha escapado y debemos recordar que purgó esa pena sin juicio alguno y una buena parte en la cárcel militar de Ramo Verde, siendo civil y sin haber cometido delito militar, pero allí les ha dado jabón para que laven, le ha dado una cachetada en la cara de TU, mientras los ineficientes le tratan de Usted.

No son infalibles, ¡bravo Antonio! Hiciste lo correcto, lo apropiado, lo legítimo, porque es notorio que con estos no se puede negociar, además, ¿qué otra parte de la libertad debemos negociar?

HOLODOMOR VENEZOLANO

Lamento profundamente esto, ¡créanme que lo lamento!, pero desde principios de año he dicho públicamente que Venezuela se aproxima con la rapidez de la ley de gravedad hacia la hambruna.

Ya nadie cree que las cosas van bien y eso incluye a Nicolás Maduro. Ya nadie cree en el supuesto legado de Chávez, ya nadie cree nada y al mejor estilo de lo descrito por Morris West, han salido a flote las más bajas pasiones humanas, solo comparables también con "Los infortunios de la virtud" del Marqués de Sade.

HOLODOMOR, es una palabra de origen Ucraniano, tristemente recordada, que traduce al español: "muerte por hambre" y se utilizó como política de purga en la época de la antigua y a Dios gracias extinta Unión de Repúblicas Socialistas Soviéticas (URSS), por allá entre los nefastos anos de 1932 y 1933.

Para variar, el procurador de este genocidio fue el hijo de meretriz de Joseph Stalin y se llevó a cabo en tres pasos bien delimitados y aplicados actualmente en Venezuela:

1. Se prohibió el transportar cualquier alimento... ¡y en Venezuela también!
2. Se confiscaron los alimentos pertenecientes a particulares o empresas, con la supuesta sana intención de repartirlo a quienes lo necesitaran y todos sabemos que no fue así... ¡y en Venezuela también!
3. Se hizo una distribución selectiva de la comida, solo a aquellos afectos al gobierno y ¿saben qué? ¿a que no adivinan?... ¡en Venezuela también!

No pudiera asegurar que la operación fue secreta, me refiero a lo malévolo de la purga y a los niveles de maldad enfermiza, hedionda e inhumana, pero no fue hasta el año de 1897 cuando el concepto como tal fue conocido por boca de Volodymyr Shcherbytskyi, quien fungía nada más y nada menos que como primer secretario del Comité Central del partido comunista Ucraniano.

Hay números que reseñan el histórico estadístico de los miles de muertos en Ucrania, pero no es eso lo que quiero hacerle ver. Solo preguntas sin respuestas se me presentan: ¿Por qué no podrían comprar carne en su más reciente viaje a Maracaibo y llevarla para su consumo a su casa en Coro? ¿Por qué tendrían que confiscar, obligar a vender a pérdida, o matraquear a las Empresas Polar, por ejemplo, para disimular que algo hacen, con su ineficiencia? ¿Saben Ustedes que los automercados privados que aun con valentía quedan son discriminados y les llega lo que los hábiles expendedores pueden negociar bajo cuerdas en el país de la corrupción?

Una palabra temible esta HOLODOMOR, tanto y tan desconocida que ella traduce en nuestro idioma toda una frase de dolor y desespero y de alguna manera agradezco que no tenga sinonimia alguna en el idioma de Cervantes y Saavedra.

La mente es una cosa seria, porque repentinamente abre ventanas que estaban cerradas frente a nuestros ojos y este ejercicio permanente de tratar de observar lo que es obvio nos permite cual paracaídas y en caída libre, abrirla, para nunca más cerrarla.

El comunismo solo trae HOLODOMOR por donde pasa, al mejor estilo de Atila y sus Hunos.

EL IMPOSIBLE OLVIDO

Ayer domingo, vino Gustavo a casa y trajo consigo todos los aperos para cocinar una exquisita pasta. Nos saludamos como ha sido en los últimos creo que cuarenta años, ¿qué importa cuántos años?

Le tomé una fotografía y se la mandé a otros colegas de la Marina, grandes Capitanes, grandes y sinceros amigos que inmediatamente contestaron como si supieran cuanto les queremos y es imposible olvidar algunas cosas. ¡Hay imposibles olvidos!

Salió en la conversación aquel escrito, publicado en este blog, titulado: "la estela de mis amigos" donde nombro a todos esos lambareros, larvarios y traficantes compañeros de armas, si, traficantes de su dignidad y de su hombría, a los que consideramos unos muy pobres hombres que tal vez tengan dinero.

Son algo así como cinco minutos de fama, el hecho de ser Almirante actualmente, jugar a ser importante, administrando las pobrezas de lo que queda de la Armada de Venezuela, arrastrarse e incumplir la ley, para ser beneficiado, por la matriz de opinión que no piensa y no siente. Arrastrarse y violar la ley, con la que nos formamos, porque en estos días simplemente no se cumple la ley y por aquí han pasado algunos, si, han venido a Miami y yo me pongo en modo escucha, porque fueron muchos años de amistad y a esta altura de la vida, siempre me digo: ¿por algo vendrán a confesarse con este cura? Seguramente su acto de constricción les hace saber que la palabra dignidad está escrita en su diario de navegación con tinta roja y no azul, pero de paciencias debemos hablar. Creo que nunca he tenido la virtud de la paciencia y menos para escucharlos decir que el actual Ministro de la Defensa, Vladimir Padrino es un tipo institucional, no, no lo puedo aceptar, tampoco puedo aceptar que me vean la cara de tonto que yo si les veo a ellos y para no perder los modales, para no mandarlos a la mierda el cuan largos son, los conmino a que se retiren en tono un tanto severo y allí acaba la conversación por siempre, porque esos almirantitos son cómplices primarios, protagonistas, autores en primera persona del desfalco y del apoyo del país que destrozaron y que abandonan para venir a Miami.

Pero déjenme guardar la compostura, porque la pasta que hizo Gustavo quedó, por decir lo menos, excepcional y la acompañamos con cerveza helada y siguieron surgiendo como la espuma de la cerveza, los imposibles olvidos y uno en particular que hizo un daño frontal cuya onda expansiva también causó severos daños colaterales, me refiero al Vicealmirante José Rojas Medina, quien ahora funge como un furibundo patriota del partido Voluntad Popular y por tratar de mantener algunas formas solo me pregunto: ¿Qué poca elegancia la del señor este, que poca cordura, ilación con su manera izquierdosa de pensar y que poca vergüenza?

La pasta que hizo Gustavo ayer en mi casa, es imposible de olvidar.

EL BAJO MANDO MILITAR

Creo que el General Vladimir Padrino está haciendo lo correcto. Está respetando absolutamente la Constitución, obedeciendo sobradamente el mandato constitucional, subordinado al poder civil en la persona del Ejecutivo, o sea del tonto Nicolás Maduro y gústele a quien le guste sigue siendo el Presidente y Comandante en Jefe de las Fuerzas Armadas. Hecho este punto, no crean que hice como Ricky Martín quien salió del closet después de viejo, NO, porque ahora les traigo el otro lado: el que está violando la Constitución es el ejecutivo, el judicial y el poder electoral…! una tontería! Yo no quisiera calzar las botas de Padrino, porque bien saben que entre sus atribuciones no está la de reemplazar al gobierno si acaso no le gusta su actuación…!qué paradoja!

Mi padre insistía siempre en que no había problemas sino soluciones que aún estaban ocultas y yo coincido con él, porque desde estas letras tal vez podamos ilustrar, sugerir, galvanizar alguna.

Como oficial superior que fui créanme que allí dentro deben estar pasando cosas interesantes, de manera que allí voy.

Las Fuerzas Armadas, (quieran o no), forman parte de la ecuación política. Una ecuación de primer grado interesantemente aplicable en este momento.

Tenemos Fuerzas Armadas para disuadir al enemigo de que no es inteligente atacarnos y ¿entonces a dónde vamos?

Creo que lo primero que debemos definir es quien es el enemigo y creo que ya está claro ¿verdad Vladimir?, tú me entiendes ¡no te hagas!

Ahora la disuasión es igual a la intención por la capacidad y la intención es la legislatura, el parlamento, el representante más genuino de la voluntad del pueblo, podemos incluir allí inclusive a los miembros de la Cancillería, pero ahora pónganse los cinturones de seguridad: ¿a que no adivinan quien o quienes son la capacidad?

Creo que el Alto Mando, si acaso existe, debería hablar con el bajo mando militar y enterarse de que están retardados en hacer cumplir las leyes que el ejecutivo, el judicial y el electoral violan a su gusto y manera, hace más tiempo del que Padrino pensaba en ser General y ¿Cómo se hace esto?

Si es una ecuación de primer grado tan solo deberías despejar matemáticamente y entender que la capacidad es igual a la disuasión entre la intención. No es tan complicado Padrino, estoy tratando de no delatarte, solo lee entre líneas como dice mi amigo Ramón que me lee, interpreta mijo, trata de entender que hasta Maduro suena con que le ordenes cumplir la ley porque así tendría una excusa para darte de baja y tú la excusa de darle el golpe...en la mandíbula que hace tiempo quieres darle.

Debería el bajo mando militar, que tienen algunas tareas por cumplir, entre las que se encuentra, no obedecer órdenes abusivas y violatorias del Código Orgánico Procesal Penal, por ejemplo.

Yo no quisiera vestir el uniforme de Padrino esta noche, porque de no tomar ninguna acción para defender la Democracia, el golpe...en la mandíbula lo recibirá el bajo mando militar... ¿me entendieron?

¿FILATÉLICOS O SIFILÍTICOS?

Con frecuencia pienso que he debido haber estudiado sociología y también psicología, para ver si puedo entender que pasa con estos grupos humanos a los que no puedo comprender. Esas conductas esquivas, que no se compadecen con su más reciente declaración en YouTube o en cualquier canal del Estado Vene-cubano.

Mi WhatsApp está saturado de fotos de chavistas detenidos en otros parajes europeos por corruptos y me pregunto: ¿si estos pillos están siendo detenidos por haber robado a los otros pillos, entonces deberían tener cien años de perdón? O la otra que me atormenta: ¿será que Alí Babá solo acepta a cuarenta ladrones en sus filas?, me temo que debo volver a leerme el cuento, pero a lo que vamos.

Entiendo que Miami está llena de estos lambareros que ahora oran a los espíritus paráclitos para que su asilo político logre pasar los filtros de los que ellos llamaban hasta hace pocos los enemigos de la Patria, logren también optar por la residencia y poder continuar esa fiesta lúdica y sabrosa de vivir sin trabajar, pero malas noticias. Este sistema que ellos no entienden, es tan perfecto que le dan ciento ochenta días y después del asilo le mandan un permiso de trabajo, (es que ellos no quieren trabajar). El sistema sabiendo eso, también le permite abrir su cuenta en el banco de su preferencia y como es de esperar le dan su tarjeta de débito y otra de crédito y ¡a gozar!

Compran casa, por supuesto que tenga piscina, preguntan sobre el costo de un Toyota Corolla y un Mercedes y al darse cuenta que entre uno y otro solo los separan unos cuatrocientos dolaritos mensuales, pues, el Mercedes es la opción, porque ya reinvertiremos los reales traídos y los multiplicaremos como los panes y los penes, de acuerdo al filántropo de la palabra, Nicolás Maduro, (sonó bonito eso de filántropo de la palabra y aunque no tiene significado alguno, insisto que suena bonito). Ball Harbor y el Brickell City Center son los sitios donde comprar las cositas de la casa. Para ella, el Mini Cooper inglés, convertible, que se merece por sus senos y pompis operados con sacrificio. Viajes a New York, porque aún tenemos tiempo mientras los papeles salen, también a las Bahamas en barco desde la Marina de Key Biscayne, como el clima está subiendo, las Carolinas son una buena opción para los tierreros tropicales y a los treinta días chocan con la realidad: les llega una carta en inglés que no entienden, diciéndoles que deben justificar los fondos de sus cuentas, tan abultadas como la barriga del funcionario gubernamental, pechado de desertor revolucionario. La factura de FPL, llega en más de mil dólares, tratando de purificar el agua de la piscina de la mamita que se regocija en las noches viendo los multicolores bombillos sumergidos y la fuente que la inspira a divorciarse de Maduro y yo preguntándome ante esta merma en sus cuentas bancarias, antes de verles recibir la patada en el procto que les dejará el calzado dentro del salvo honor: ¿estos tipos son filatélicos o sifilíticos?

ÉCHAME LAS CARTAS

El lugar estaba parcialmente oscuro, candelabros difuminaban la poca luz y ese fuerte olor a mirra con pachulí, una mesa circular al fondo y todo en colores ocres, tal vez, realmente no se veía bien. Ella estaba sentada con una pañoleta morada amarrada a la cabeza y llena de collares verdes y morados que me recordaron el Mardi-gras de New Orleans. Del piso nada recuerdo, pero por el ruido de mis pisadas creo que era de madera, con algún tipo de pequeñas alfombras, por doquier. Candelabros, ya lo dije, velas que quemaban el poco oxígeno del cuarto, me hacían sentir como respirando el fino aire de Bolivia.

Siéntate, me dijo con reverencia sin verme a la cara, mientras extendía una mano llena de pulseras casi hasta el codo.

Aquí veo que tus hijos están en tierras lejanas y le dije será mi hijo (que está en China), y ella ripostó, no, es probable que tengas otros.

Familiares muy cercanos están en problemas con la ley.

Tu pareja ya no te admira y creo que tampoco te quiere, pero esta carta, ¡esto no está bien!, mientras tiraba unas manoseadas sobre el mantelillo lleno de canutillo bordado.

Algo oscuro pesa sobre todos Ustedes y él pensó en Diosdado.

Tienes a unos hijos, o sobrinos, en problemas con la ley y su corazón comenzó a latir con tal fuerza, que sentía que sus sienes explotarían, veo muerte, desolación y pérdida de todo, traición a tus espaldas, tus más cercanos intentarán matarte, desaparecerte, tu cadáver jamás será encontrado.

La gitana estaba en éxtasis, sus manos temblaban sin control como una especie de tenue Parkinson, pero era por los nervios y observé esa gota de sudor entre la pañoleta morada y sus cejas, que bajó sin permiso por la nariz y ella no lo evitó, la gota terminó estrellándose en la mesa.

Desde tierras lejanas conspiran contra ti y lo está haciendo un hechicero muy fuerte y con mis poderes no podré detenerlo, también usa cartas, runas helvéticas, prestidigitación y maledicencias, todas juntas es mucho para esta pobre gitana, le dijo. ¡Ahora el temblor había cambiado de dueño!

Ancestros y amigos desde la oscuridad te acusan de pendejo, están aquí, los siento, me hablan con rabia hacia ti, una de pelo rubio pintado, un zambo, una loca, y otros, son raros y feroces.

Te están preparando una carta, una muy contundente que no podrás manejar con los poderes de la tierra, veo tres letras, son sílabas, no consigo el significado.

¿Cuáles letras? preguntó

Silencio nuevamente, ella concentrada y le dijo con voz ronca, como si no fuera de ella esa voz, "sabes que esto no es fácil, no es como tú te imaginas terrícola, dame tiempo, no me apures....son tres letras y ya"

Se me vienen en forma de palabras: "**O**scuridad **E**n **A**zotea"

¿Le dice algo esa frase Señor?

La verdad es que no, pero a mí me tildan de bruto ¿será por eso?

No creo, aquí hay otro mensaje oculto y fuerte.

Veo palabras que no entiendo...amargo, alcargo, ¿almagro?,...no entiendo, pero a Usted ¿le dicen algo?

¿Dónde estoy?

Estás en tu cama Nicolás, en Miraflores, en la habitación Presidencial, mira como estas sudando, ¿soñaste con el Comandante eterno?

No, Cilia, Almagro, el de la OEA (Organización de Estados Americanos) me persigue y me montó una brujería casi tan fuerte como la guerra económica, está trabajando desde la oscuridad con las cartas, pero una muy fuerte una sola, grande, la Carta Democrática Interamericana.

"La Carta Democrática Interamericana fue aprobada en 11 de Septiembre del 2001, en sesión especial de la OEA en Lima, Perú, es un instrumento que proclama como objetivo principal el fortalecimiento y preservación de la institucionalidad democrática, al establecer que la ruptura del orden democrático o su alteración que afecte gravemente el orden en un Estado (País) miembro, constituye "un obstáculo insuperable" para la participación de su gobierno en las diversas instancias de la OEA".

LA CASA DE MADURO EN CHINA

Les ruego que no crean esta historia, pero estoy seguro que existió en las sillas de cuero de testículo de zancudo neozelandés que mandó a poner Chávez en el avión presidencial. A treinta y dos mil pies de altura, la bulla del ejército de acompañantes del Presidente de Venezuela se hacía sentir al otro lado de la puerta, mientras Nicolás estaba en el privado con la primera combatiente, analizando seguramente el futuro nacional y los métodos a usar para lograr la prosperidad.

Cilia: por allí hay rumores.

Maduro: ¿vas a empezar otra vez?

Cilia: ¿y si antes de irnos del gobierno pasamos por Washington y me dejas ir a Tyson Corner a la tienda Louis Vuitton?

Maduro: ajá y ¿porque no vamos cuando entreguemos el gobierno algún día?

Cilia: ¡porque te van a meter preso, pendejo! Cilia: ¿y adónde vamos a vivir después de esto? En Cuba ya no será, con la broma que nos hizo Raúl de aliarse por sorpresa con los Estados Unidos, en

Rusia tampoco con la rabia que te tiene Putin y de paso ese es capaz de venderte con lo mal que está su economía, ¡en Ucrania ni de vaina Nicolás!, ni siquiera pienses en el medio oriente y mucho menos en la India que yo sé que a ti te gusta...entonces... ¡lo que queda es China!

Maduro: mira mija, si yo llego a comprar una casa en la China, lo más seguro es que me la expropien con la deuda que tenemos y que ellos saben que no podemos pagar más nunca, de manera que lo que te sale es la Casona cuando se vayan las hijas de Chávez, porque yo pienso hacer lo mismo, vendrá otro y nosotros nos vamos a vivir gratis y cuidados.

Cilia: ¿Cómo que vendrá otro? ¿Te das cuenta que si hay rumores? ¿Y entonces qué carajo vamos a hacer a China, no vas a comprar una casa?

Maduro: Voy a China a ver cómo vamos a arreglar este peo y a buscar billete. Tu pones la cara esa de murciégala con diarrea, agarras el ramo de flores y yo pongo la cara de estadista, me amarro la bufanda de la bandera nacional para que todos sepan que ya no soy el chofer y me puedan identificar ¿me entendiste? De todas maneras si lo que quieres es carteras del Vuitton ese, los chinos son excelentes falsificadores, tranquila que yo le digo al agregado naval que te consiga una o varias ¿me volviste a entender o te lo repito?

El avión presidencial rompía la mitad del huso horario porque Venezuela tiene la otra mitad, mientras la rumba continuaba sin parar al otro lado de la puerta, donde la champaña corría como el Ganges y Cilia muy molesta, meditaba sobre el desacierto de ser la cómplice del Presidente obrero, mientras pensaba en Clinton, Sarkozy y otros presidentes más apuestos y hasta más inteligentes.

.

UN SALUDO REVOLUCIONARIO Y CLANDESTINO

Siempre me llegan misivas, documentos y otros escritos de los buenos y de los malos y con inaudita frecuencia, comienzan con algo así como esto: "reciba un saludo revolucionario, socialista, chavista y antiimperialista" y después de las arcadas de orden, antes de vomitar siempre me pregunto: ¿cómo es un saludo con esas características? Y les tengo buenas noticias.

Infiero que un saludo revolucionario debe ser gritado, ¡a viva voz!, con pública lisonja, sin que nos de miedo hacer el ridículo, lleno de fervor arrastrado. Un saludo socialista creo que debe ser lleno de pobreza, humildad extrema y entreguismo total a la dádiva, en la espera amable de algún premio solidario que no nos permita llegar a casa sin algo en las manos, para justificar frente a la familia la hambruna. Uno Chavista debe ser la mixtura de los dos anteriores, pero sudado, mucho sudor tropical y siempre recordando al héroe y su pensamiento inventado y copiado de otros, pero aquí si debemos detenernos porque uno antiimperialista tiene que ver con la geografía, creo yo, esa geografía del norte a quien odian a rabiar públicamente pero que aman en secreto y así son los amores clandestinos, de manera que también podrían si fueran tan solo un poquito sinceros, agregar ¡UN SALUDO CLANDESTINO!

Normalmente saludamos como un gesto de amabilidad, de sana práctica social (no socialista), lleno este, de normas de cortesía, afabilidad, confiabilidad, sinceridad, cordura y equilibrio, junto a la prudencia y templanza, de manera que cuando estos individuos endoesqueléticos, tergiversan la intensión de la fraternidad, son susceptibles de burlas de nosotros un poco más centrados y convencidos que el caminar de pie es más conveniente, rápido, elegante y adecuado, que arrastrarse y reptar.

Siempre es importante tener sentido del ridículo, siempre son importantes las leyes tácitas de la convivencia y la cívica, pero más aun prelando las anteriores son la autoestima y el amor propio. Por los momentos les invito a seguir con esos extraños saludos que creo que me divierten y a la vez desdicen de hombres honorables que han perdido su honor por entrar en la vorágine de la chusmería socialista y revolucionaria, mientras me mantengo en el imperio de la ley que tanto envidian y en el que quisieran vivir con la holgura que siempre da la libertad de expresarse.

Por aquí, por estas tierras, un par de jóvenes periodistas, con las pruebas y con testículos sacaron del poder al Presidente Nixon, tan solo basados en la ley que está por igual encima de todos, pero por allá, al norte de sur américa, no creo que se pueda hacer nada, hasta que los malos se den cuenta de que también son venezolanos, con iguales derechos y deberes. Por ahora les mando mi saludo junto a mi consigna "Hasta la Victoria Secret"

REUNIÓN DE GENERALES Y ALMIRANTES

Lindan los dos mil ochocientos cincuenta, al menos. En la Venezuela revolucionaria todo es por millones, muchos ceros que luego quitan, ponen, modifican.

Si esa reunión se hubiese llevado a cabo en Miami, seguramente hubiesen utilizado el Estadio de los Marlins o el American Airlines Arena, pero eso no es importante, ¡para nada importante!, que un país que engrosa con la velocidad de la caída libre, la lista de los del cuarto mundo y que de acuerdo a la Organización de Países Exportadores de Crudo OPEC, refinan para este momento en que escribo menos de un millón doscientos mil barriles, los generales y almirantes se reúnan, previa revista de los jefes para garantizar su asistencia. ¡Qué ruin papel!, que bajeza del populacho y la chusma, pero así son las cosas y ellos callados, no vaya a ser cosa de que los degraden a Cabo Segundo, se lo calan calladitos, disciplinados, absortos de todo criterio, pero a lo que vamos hoy:

Un general venezolano es un experto en finanzas, en alimentación y en religión y paso a explicarlo mejor: cuando una persona que ha llegado a ese alto rango, que en estos tiempos parece bajo, con un sueldo que exagerando llega con dificultad a los sesenta dólares mensuales y logra vivir, por supuesto que sabe más de finanzas que cualquiera, si a esto le agregamos que en su casa todos pueden comer, es un experto en el manejo alimentario, seguramente también en nutrición y en economía familiar y son expertos teológicos, infiero, porque una vez cumplidos los dos requisitos anteriores, logran tener casa, una camioneta, otros viajan a Europa, porque no pueden venir a donde quieren, si, aquí a los Estados Unidos, de manera que ¡hacen milagros!, verdaderos milagros que pondrían envidiosos a los más conspicuos estudiosos bíblicos, prestidigitadores, adivinadores, de cualquier denominación religiosa, pero en el caso de los católicos el Arcipreste, esa dignidad de los presbíteros, no puede explicarse el descubrimiento hermenéutico en la interpretación correcta de como volver el agua en vino, los peces, los panes o ¿penes? Como llegó en algún momento a decir el ductor heredero de la revolución, si, ¡es inexplicable!

Nicolás Maduro Moros, instó a los oficiales a separarse de sus familiares, bueno, realmente no fue así, simplemente los invitó a guardar distancia de todos aquellos familiares que no profesan el absurdo, a manera de evitar contaminaciones, pero yo les digo a estos infelices, que somos nosotros quienes les recomendamos que se mantengan a un par de toesas, porque ellos son los cómplices contaminados, son ellos los extraños en el país de los pajaritos que hablan con su jefe, son ellos los que aun obligan a sus subalternos a gritar que Chávez vive.

Es sano que mantengan distancia, porque me temo que sus esfuerzos para que los odien, han dado un buen fruto, lo han logrado sobradamente y además, de estar cerca son sus hermanos, primos, tíos, queridas, prepagos y todo el que se le acerque los que les harán saber con onomatopeya o directamente, que su patria huele a estiércol.

EL DESFALCO A LA AUTORIDAD

Eran mediados de los noventa y fui a visitar en la Escuela Superior de Guerra Naval a mi buen amigo Virgilio, quien como siempre me regaló un tesoro en blanco y negro titulado "Tratado de la autoridad", libro que leía con frecuencia, consultaba con denuedo y que inspiraba mis inquietudes revueltas. Este tratado hablaba de dos autoridades, la ontológica que es aquella impuesta, heredada de otro hombre, que imponía a la sociedad un título y la otra la epistemológica, lo estudiado, lo aprendido con la experiencia laboral, lo sabido que decía a esa misma sociedad que tus talentos tenían una experticia.

En el Méjico del siglo XIX hubo más Generales que soldados, en la República Dominicana de Rafael Leónidas Trujillo, llegaron a haber doscientos veintiocho Generales y en la Venezuela actual, todos sabemos que un General es un Coronel políticamente alineado al régimen.

Me solicita amistad en mi Facebook un respetable señor un poco pasado de edad, para ser un oficial efectivo con el grado de Capitán de Navío, uniformado de manera poco elegante y cuya cara no recuerdo y por supuesto le hice la muy común pregunta de ¿a cuál promoción de la Escuela Naval pertenecía?, mientras recordaba a mis profesores de análisis matemático, circuitos eléctricos, termodinámica, mecánica de los fluidos, sistemas automáticos de control, navegación, electrónica, corrosión, barrido de minas acústicas y magnéticas, táctica, armamento, derecho marítimo internacional, maniobras de buques, operaciones navales, guerra electrónica, Guerra de superficie, guerra antisubmarina, control aéreo y por mi mente pasaron los nombres de Mateo Russo, el maestro Vargas, mi querido amigo el Profesor Nahmens Cuevas, el Almirante Domínguez García y la imagen de aquel loco Capitán de Fragata que a la vez era ingeniero nuclear, que creía que todos éramos unos genios como él. La respuesta no se hizo esperar y con mucho respeto me contestó que él es un oficial técnico que sirvió bajo el mando de mi Padre y yo pensé: ¿Es un oficial? ¿Es un técnico? Para ser oficial requiere de haber estudiado en la Escuela Naval y haber hecho una larga y sacrificada carrera y para ser técnico requiere haber estudiado en una escuela técnica, seguramente la segunda se cumplió, la verdad es que no me interesa, pero para ser Capitán de Navío, grado naval de suma importancia y prestigio se requiere un poco más que el hecho de que Hugo Chávez, el destructor, el terminator tropical, el depredador de todo lo decente, lo haya ordenado y seguí recordando mis dieciséis años a bordo de unidades de línea, mis cuatro Comandos de buques de Guerra, mis ausencias y trasnochos, mis estudios de postgrado en otras cuatro universidades, mis libros y el honor naval con el que me criaron y llegué a la conclusión que el obeso Capitán de mentira, no tiene la culpa, porque el orgullo que yo siento por mi grado militar, no lo siente él por el de sargento o suboficial. He decidido aceptar su amistad, no soy yo quien le juzga, solo él es una víctima viviente, del desfalco a la autoridad.

LA REBELIÓN DE LOS ALMIRANTES

Una de las cosas que la revolución llevada a cabo por Cuba a través de Chávez ha tenido como importante éxito, es el haber destruido a las Fuerzas Armadas tan solo manejando egos de individuos mal preparados, es un plan interesante de largo aliento y de buenos resultados.

En la Fuerza Aérea han comprado cuanta magaya les ha vendido el mundo de las plataformas de combate. Los helicópteros rusos se caen o "se pierden" como si de cualquier cosa se trata, los aviones chinos son una suerte de licuadora, pero no es de estas chusmería de lo que quiero hablar, es de una verdadera y altruista rebelión contra el absurdo, llevado a cabo por el Almirantazgo Norteamericano. ¿Qué les parece?

En estas inmensas poderosas y entrenadas Fuerzas Armadas, tan solo, por regulaciones estrictas y profesionales, hay ciento dieciséis Generales y Almirantes, en cambio en la bananera revolución venezolana, me cansé de contabilizarlos cuando llegué al vergonzoso número de dos mil ochocientos cincuenta.

Lo que paso a contar es absolutamente cierto. Por aquellos años de postguerra en General George Marshall pidió que se unificaran las fuerzas, ¿les suena familiar? Pues bien, para el General ya no se justificaba la Marina, la guerra había pasado y las Fuerza Aérea, según él y su inmensa ignorancia, podía suplir las funciones de una Armada que por supuesto y como es de suponer, era muy onerosa. Pero malas noticias, porque no hay ninguna fuerza que pueda permanecer en el lugar por tanto tiempo y en otro orden de ideas "el que domina el mar, domina la tierra"

"Estas propuestas dieron lugar a lo que se conoce como la "los debates de unificación" y la eventual aprobación de la Ley de Seguridad Nacional de 1947. Dicha ley reorganizó el ejército, creando un sistema unificado Organización Militar Nacional (rebautizado como Departamento de Defensa poco después), el Consejo de Seguridad Nacional (NSC), Agencia Central de Inteligencia (CIA), y una independiente Fuerza Aérea de los Estados Unidos (que se convirtió en una rama independiente militar después de la formar parte del Ejército)".

No voy a fastidiarlos más con esta historia, (búsquenla en el internet si están interesados), que más allá de ella tiene un mensaje importante para el ejército de Almirantes venezolanos actuales.

El cuerpo de Almirantes, apartando la fallida doctrina comunista y hambreadora, está en el deber de poner coto a la estupidez que se los comerá a ellos. Más allá de eso, hará que desaparezca la Armada, algún tonto del Ejército justificará su desaparición y por supuesto, no tengo dudas de que calará la propuesta, porque se trata de la materia en la que son más eficientes ¡la destrucción!

Por los momentos ya saben que la doctrina que con años de operación llevamos a cabo mi generación, ha desaparecido, ahora son una montonera informe e indisciplinada, que nada se nos parece y que es aborrecida por la ciudadanía a la que se suponen defienden. Ha aparecido el fenómeno de la piratería ¿se imaginan? Piratas en aguas venezolanas. Al final, creo que es un buen ejemplo esta historia contemporánea del Almirantazgo Norteamericano. ¡Yo sé bien que Ustedes me entienden!

¿QUE DIJO HARRY?

"La ruptura del sistema rentista petrolero con incidencia en el gas, será nuestro legado y estoy seguro que se llegará a una fórmula consensuada"

¿Entendieron?

"El Aissami anuncia la captura del autor que atentó contra los cuerpos de seguridad el 30J"

Y yo me pregunto: ¿Qué obra habrá escrito el tal autor?

¿Un cuerpo que da seguridad en Venezuela? Debe tratarse de un cadáver, el cuerpo del cadáver, seguramente el autor habrá escrito una obra con ese título, infiero que de terror, de suspenso, de intriga.

Y ahora sí, ahora tengo claro el sistema de gobierno, se me aclararon los caminos para entender que si tienen un plan después de tantos errores, ¡han enmendado!, porque anuncia el portal Noticias 24, (que debo confesar que antes le estudiaba por ser a mi juicio una referencia interesante): "Satélite Sucre entrará en servicio

este Domingo para optimizar planificación y desarrollo del país" y ahora nuevamente les recalco que entiendo porque yo, en términos personales estoy un poco al garete, sin planificación aunque mucho desarrollo producto de la edad y es porque yo no tengo satélite y mucho menos Sucre y al no tener planificación no la puedo optimizar.

Me llegó a mi WhatsApp algo que me hizo pensar en Nicolás Maduro que ahora también entiendo que es el lado venezolano de los argentinos de Les Luthiers y si no lo es aún, deben inmediatamente contratarlo, porque cualquier Laureano Márquez se queda pálido ante las ocurrencias del mandatario o mandamás y allí voy:

1. El amor eterno dura aproximadamente tres meses.

2. Tener conciencia limpia es síntoma de mala memoria.

3. Los honestos son inadaptados sociales.

4. Pez que lucha contra la corriente muere electrocutado.

5. No soy un completo inútil. Por lo menos sirvo de mal ejemplo.

6. Errar es humano, pero echarle la culpa a otro es más humano todavía.

7. La inteligencia me persigue, pero yo soy más rápido.

Y así podríamos seguir, casi de manera infinita, entendiendo que el verdadero talento de Maduro es alimentar a los humoristas de Les Luthiers, para que nos sigan complaciendo con su "falta de ignorancia" como lo dijera Cantinflas.

He visto con cierta vergüenza la salida del comediante por la parte de atrás del Kremlin, solo y rampante, también pudimos ver el lenguaje corporal de Putin quien ya no cree en Les Luthiers y la inmensa deuda del elefante caribeño que entiende y aplica otro pensamiento: "La pereza es la madre de todos los vicios y como Madre hay que respetarla" y que entiende que "trabajar nunca mató a nadie...pero ¿para que arriesgarse?"

Si cree que estoy escribiendo sobre política Usted se equivoca estruendosamente, estoy escribiendo sobre humor y bien saben los reilones, que cuando la carcajada es inevitable, con frecuencia también lloramos.

Esto es como un trabalenguas, porque una vez que pensamos todos juntos, casi siempre nadie está pensando y por ende "esta confusión está clarísima"

¿Entendiste Laureano?

UN CHIVO EN LA SALA

Las personas que me conocen bien saben de mi cariño hacia las mascotas. Mi primer lector o mejor dicho, escucha, de mis escritos, era mi perro fallecido el año pasado. Se sentaba a mis pies, expectante, pero de vez en cuando cabeceaba y se dormitaba, hasta que yo decía: Listo Cotufa, ¡lo terminé! Y me escuchaba.

Se llamaba Cotufa Jurado, un buen perro, un buen amigo, casi un hijo.

Como tengo también dos hermanos que son Médicos Veterinarios, también recuerdo aquel permanente pugilato entre mis padres y ellos, porque traerían aquella lora loca que gritaba que era adeca (o sea, perteneciente a uno de los partidos políticos más importantes), un Pastor Alemán, más loco aun llamado Calamar, como el buque que Comandaba Papá, un gallo de pelea que le habían regalado en Margarita, nuestra perrita Jossette y el gran Hitler, un Yorkshire Terrier que se creía Rambo, con un ego inflado y que pensaba que él era el único perro feroz y valiente de la humanidad, todos pensábamos que consumía drogas y alcohol, porque buscaba las peleas con los perros más grandes, con arrojo impensable y suicida.

Y luego llegó mi tío Santos y le regaló a mi hermano la fortuna de novecientos bolívares para que se comprara aquel caballo que parecía más a Rocinante del Quijote que a un equino criado en una ciudad, flacuchento, jipato, macilento y era blanco y mis hermanos lo veían como si fuera un corcel alado y lo tenían en el terreno vacío que había frente a casa en aquella Caracas amable de los setenta. Lo bañaban casi a diario, creo que ellos dejaban de comer para llevarle bocadillos y comenzó a ponerse bello, si, se puso gordo y bonito, así actúa el cariño y el amor o ¿no han visto a una mujer enamorada o mejor aún embarazada?, se ponen bellas, hasta la piel luce diferente, cuando se sienten amadas.

A lo que vamos con cierta vergüenza, porque estamos hablando de animales y continuaremos: Freddy Bernal, que posee características que precisamente desde mi punto de vista intelectual, no son halagadoras: asesino, truhan, ex policía arbitrario, un poco terrorista, abusador, desquiciado, se viste con una suerte de uniforme de Mariscal de Campo francés, lleno de condecoraciones seguramente ganadas en muchas refriegas y batallas de la guerra económica, ha salido en un video, con un corral de chivos en la sala de su casa en El Paraíso, una urbanización capitalina. Si y para sorpresa de todos, asegura que es limpio, que se pueden criar los chivos, que él lo está haciendo en su vivienda para paliar la escasez de comida y yo pienso que ese hubiese sido el sueño de mis hermanos veterinarios cuando éramos niños, una casa llena de chivos, perros, gatos, puercos, caballos, venados, si, hubiese sido lindo tenerlos a todos en la sala, en la biblioteca, en la cocina para comer juntos, mientras seguramente mis padres reposaban en un asilo con camisa de fuerza y la mierda y el orine, de todos esos bellos animalitos correría libre por las escaleras y seríamos felices como Freddy Bernal y los chivos en su sala.

EL COMANDANTE

Como si fuera un castigo, me llega esta reciente serie bien hecha, impecablemente llevada a cabo, cuyo actor principal, el mismo brillante que interpretó magistralmente a Pablo Escobar, hace el papel de Hugo Chávez Frías.

Creo en mis adentros, que ambos personajes se parecen, Pablo y Hugo, ambos fueron pillos tramposos y desleales, ambos siniestros. Se los explico un poco mejor: cuando un Teniente del Ejército se encuentra desde tan temprana edad en la carrera, conspirando, no tengo dudas de que es culpa de sus jefes. Cuando un Capitán del Ejército es enviado a la Academia Militar donde su influencia conspirativa es aún mayor, ya no tengo dudas de que sus jefes son cómplices y cabrones de la falta. Cuando a un Mayor del Ejército se le da mando de tropas teniendo el mando superior evidencias de sus reuniones con guerrilleros, comunistas y por ende bandidos, no nos queda otra que pensar que es el Ejército completo el del problema y además debemos asumir que no trabajan mucho para tener el tiempo de conspirar.

Se los explico un tanto mejor: me preguntaba el Coronel que me leía, (cosa que me honra sobremanera), si yo conocía a fulano de tal, al General Mengano o al Coronel fulano y a ninguno conocía por cuanto yo soy un oficial de la Armada de verdad y en el mar no hay mucho tiempo de cordializar con los colegas de las otras fuerzas. Quiero aclarar que siendo yo el sobrino de dos Ministros de la Defensa de la Democracia y de dos Comandantes Generales de la Fuerza, tan solo fui en comisión del servicio dos veces al tal Ministerio del que aseguro no lo conozco bien, lo que si conozco muy bien son las fragatas misilísticas, el Comando de la Escuadra, los patrulleros costeros y los transportes en donde pasé dieciséis largos años de mi vida profesional, la Escuela Superior de Guerra Naval, la Aviación Naval y los ocho cortos meses en la Comandancia General como jefe de telecomunicaciones de la Armada.

Hecha la anterior aclaratoria, deduzco que el tal cabeza caliente, Hugo Rafael, era apoyado por al menos una buena parte de sus jefes, que siendo igualmente cabezas calientes, no tenían la densidad testicular del arrojado y loco improvisado Comandante y por ello, en secreto, le apoyaban y cabroneaban sus cercanías con el comunismo.

Ningún Teniente Coronel puede hacer lo que hizo este infeliz sin apoyo del generalato o parte de él, alzarse contra la democracia que le educó y a la cual el juró lealtad hasta perder su vida por la Patria.

El discurso en el país de los "descontentos con cualquier cosa", siempre cala, creo que esa habladera de pendejadas es heredada de la Madre Patria España, pero más allá de eso, su lógica parecía aceptada, la lucha por los pobres, contra la corrupción agobiante y febril, la desigualdad y resulta mi querido lector, que no podemos esperar de un perfecto ignorante e improvisado como Chávez que pueda tener éxito apostando y poniendo todos los huevos en la misma canasta en una democracia imperfecta y complaciente con el delincuente.

¡Así son las cosas en este paisito que nos tocó vivir!

Creo que debemos auditar al Ejército y por supuesto a la Infantería de Marina, ambos cuerpos, históricamente han estado en todas las fiestas revolucionarias.

EL LADO CORRECTO DE LA HISTORIA

No tengo dudas de que un medio de comunicación es un arma muy poderosa. En predios académicos en mi época de estudiante lo daban como un poder, "el quinto poder" y claro que debe ser aterrador que los infames investigadores, periodistas, opositores, saquen a la luz pública lo que ya es público y restrieguen la cara de los mandatarios con la mucosidad de su ineficiencia y saqueo.

Escribo todo esto por varias razones: recuerdo que en un canal de televisión de aquí en Miami, llegó un email de Blanca Eekhout, amenazando al canal con demandarlos si no me botaban. El Vicepresidente me lo comunicó y yo me reí, porque lo lógico hubiese sido leer el maléfico comunicado al aire e invitar a la delincuente a hacer su satánica descarga en contra de mis planteamientos incontrovertibles, pero no, el miedo es libre y me despidieron y yo les doy las gracias, porque trabajar con pusilánimes es muy difícil para mí.

Cuando en un medio, o en este blog, yo escriba en contra suya, porque sus posiciones me parecen ilegales o al menos deshonestas, pues para mi será un placer, darle el espacio correspondiente para que haga su réplica. Si se toman la tediosa tarea de revisar los comentarios de algunos de mis lectores, podrán encontrar algunos muy fuertes en mi contra, donde me llaman gusano entre otros epítetos y yo, teniendo el poder de borrarlos, los dejo con todo gusto, agradeciéndole la deferencia de leerme y más aún poner su opinión.

En el Nuevo Herald de hoy, Maduro ordena demandar al periódico de Miami que ha hablado mal de PDVSA (Petróleos de Venezuela), dice que es un pasquín sin importancia, que forma parte de una conspiración internacional y diabólica que ellos no son tan malos, que el periódico ha violado la constitución y todos nos preguntamos cuál de las tres constituciones: la de los Estados Unidos de América, la del Estado de la Florida o la de Venezuela, ¡creo que eso debe ser aclarado! Porque aquí, en el país de la libertad de expresión y de los derechos ciudadanos todos podemos y debemos expresarnos y los afectados tienen el derecho de ripostar o demandar si cabe. Por los momentos yo me quedo con mi "gusano" no me malgastaré en una lucha fútil, porque probablemente esa persona que no conozco por cierto, tenga razón, a veces me he portado como uno, pero después de arrastrarme, me levanto y sigo la fiesta.

Al periódico de Miami que supuestamente el bocazas demandará, le recomiendo que continúe en su afán de develar las verdades, porque no tengo ninguna duda de que la tal conspiración no existe, de que ellos son unos ladrones, también son incapaces, de que yo no soy un gusano, de que PDVSA no produce ni dos mil seiscientos millones de barriles diarios, de que ahora compran crudo y gasolina a los Estados Unidos y de que por supuesto, estamos en EL LADO CORRECTO DE LA HISTORIA.

EL SACO DE LOS GATOS

No tiene forma, todos se mueven y tratan de estar encima dentro del saco que no tiene cabeza ni pies, de manera que ¿cuál es la parte de arriba?, que importa lo importante es parecer estar arriba, sobre algún oro gato.

El Vicepresidente, Tarek El Aissami ha ido al Tribunal de Justicia, no sé si Superior, a hacer el trabajo de su Presidente Nicolás Maduro y a presentar la memoria y la cuenta de la gestión de su jefe.

En primer lugar no es el dueño de la gestión del Ejecutivo, en segundo lugar no es en el Tribunal Supremo de Justicia y en tercer lugar nada hablo de algún logro, gestión, trabajo que haya justificado lo injustificable.

Delante del Magistrado Maykel Moreno, expuso en el saco de los gatos su dudosa reputación, delante de los Magistrados dirigido a la vez magistralmente por el Maykel, acusado de asesinato y otras tropelías, se justificó llamando a los Estados Unidos "imperio decadente", ruego que nos detengamos aquí, porque esto dijo:

"Al presentar este viernes el informe de gestión de la vicepresidencia, El Aissami dijo que la revolución fundada por el fallecido líder Hugo Chávez (1999-2013) "está siendo blanco de la más contumaz agresión por parte del imperio norteamericano".

"No se trata de agresiones e infamias proferidas contra un individuo", afirmó el vicepresidente".

"Son los intentos desesperados de un imperio en decadencia por doblegar a un pueblo heroico, es su ataque contra una nación entera", añadió ante los magistrados del Tribunal Supremo de Justicia (TSJ).

"No es motivo de desmoralizarnos. Al contrario, qué satisfacción que el imperio pose su mirada sobre los hijos nacidos en la patria de Simón Bolívar, formados y forjados hoy al calor del genio de (...) Hugo Chávez", sostuvo el vicepresidente, en el cargo desde el 4 de enero.

El Aissami y los ministros presentaron sus informes de gestión ante el TSJ y no en el Parlamento -de mayoría opositora-, debido a que este fue declarado en desacato por el máximo tribunal al no haber desvinculado a tres diputados opositores acusados de fraude electoral.

Esa medida anuló todas las decisiones del Legislativo"

¡Qué pobre país, qué saco de gatos!, no podemos negar que bajo estos niveles de desinformación hay dos cosas que debemos tomar en cuenta para tener una conclusión seria: en primer lugar allí –en el país- cada quien hace lo que le da la real gana y en segundo no podemos ocultar que hay una parte de la población que aún les aplaude, mima y hasta ríe de sus desafueros.

El problema de Venezuela son los venezolanos, el problema de ellos –los venezolanos- es la educación y esa absurda costumbre de violar la ley, de ser el más vivo y de resucitar diariamente a ese dictador que llevan dentro.

Todos violan la ley y la democracia, la constitución y la vida misma de los ciudadanos, con un Presidente irresponsable, un Vicepresidente que nada habla de su honestidad y menos de ser investigado con formalidad para lavar su prestigio y un magistrado del TSJ con prontuario delincuencial y sin credenciales apropiadas para ocupar tan sensible cargo.

SOBANDO EL NERVIO ASIÁTICO

No tenemos dudas que los asiáticos requieren una buena sobada.

Hace algunos años, recuerdo al preceptor de toda enfermedad en el Caribe, a Fidel Castro quien dijo al mundo con la desfachatez propia de un irresponsable, que la deuda externa cubana era inmoral e impagable y desde allí nadie más le cobró o por lo menos ellos no pagaron y siguieron siendo felices... ¡buen método!, porque yo me pregunto: ¿Quién fue el que se comprometió a endeudarse y a pagar, a honrar sus compromisos como país?, pues el mismo Fidel Castro a quien considero un consentido de muchos países y por ello ha abusado como le ha dado la gana.

Volviendo a Venezuela, desde esta respetuosa tribuna, le pasamos nuestra mano solidaria, les sobamos con reverencia, les consentimos y consideramos en nuestro más profundo sentimiento lindante al pésame, por cuanto el petróleo ha caído estrepitosamente y todos bien saben que el país es mono productor y también mono gobernado (desde la época de Chávez y ¡cuando digo mono, es en serio!) de manera que los dólares tan odiados están sumamente escasos, el sistema de conversión monetario solo es entendido por los mono economistas del gobierno quienes bien saben que pueden engañar al mono pero no a la economía. La deuda externa ya es impagable y sobre todo con la China a quien le debe dar un gran NERVIO ASIÁTICO, que repito con mucha pena, alguien debe sobar para evitar mayores dolencias, pero creo que la inmensa potencia tomará acciones ante este cuento chino de la falta de liquidez, porque el mono gobierno se comprometió a endeudarse, porque los chinos no son españoles, porque Fidel Castro no es Nicolás Maduro y como casi todos saben, el siglo XXI y los comportamientos sociales y económicos distan mucho de aquellos años 70 y 80.

Lamentamos mucho los venezolanos, tener el mono gobierno, más lamentamos que el país todo quede como una Nación maula, mala paga y ladrona, pero subiendo el tono en la salsa de soya, son los chinos, los rusos, los árabes, el mundo entero quien observa con detenimiento la debacle venezolana, donde han invertido en mala hora sus capitales. De manera amigo lector, le invito con todo respeto a unirse a esta campaña solidaria

SOBA A UN CHINO Y EVITARÁS EL NERVIO ASIÁTICO. El mundo entero lo merece y los chinos, que son la mitad del mundo, seguirán siendo felices y ya no creerán más en cuentos chinos inventados por gobiernuchos del cuarto mundo.

VIDAS AZAROSAS

Siempre invoco al patrono de los escritores, San Francisco de Sales, para que no me deje hacer el más mínimo daño con mis letras y desde el punto de vista terrenal, pareciera que no es así. Muchas personas se han ofendido, otros se declaran mis enemigos jurados, los menos guardan silencio en espera de la venganza, pero a todos les digo que solo escribo lo que pienso, sin filtros pero sin imprudencias.

Las verdades, pueden ser muy duras, pero eso son: ¡verdades!, pueden ser del inocultable tamaño de la catedral de San Pedro en Roma, que mide 194 metros de altura o la de Colonia en Alemania de 157 metros o la de Milán de 148, pero son inmensas, inocultables, como la verdad.

Déjenme citar algunos ejemplos: La Organización de las Naciones Unidas posee seis lenguas oficiales: chino, inglés, francés, ruso, español y árabe. Como la gran mayoría de las personas saben, su sede queda en New York y fue creada oficialmente el 24 de octubre de 1945 por 51 países, pero a principios del 2001 ya se contaban

189 países y aunque la ataquen los comunistas, todos van a confesarse allí, por ejemplo Henri Falcón la ha visitado hace horas para hacer el lobby correspondiente para que se reconozcan las elecciones próximas donde él participará. Esa es una verdad del tamaño del Empire State Building que mide 381 metros de altura. ¡Pero espero no hacer daño con mis escritos! Ellos solos se lo hacen, no necesitan mi ayuda.

Hace poco fue muy plácido ver como mis colegas de la Infantería de Marina, se rompían las vestiduras por lo que a pie juntillas creo, con respecto a ellos y recibí muchas llamadas donde sin ánimo de ganar en una contienda inexistente les conminaba a todos a lo siguiente: si Usted le da a comandar a cada almirante infante de marina un pelotón de 36 hombres, en la actualidad le sobrarán almirantes y esa es otra verdad del tamaño de la Torre Eiffel que mide 320 metros.

Pero a lo que vamos, que debemos seguir diciendo verdades. Han hecho preso al General o Mayor General o si lo desean podríamos llamarlo Mariscal de campo -¿Qué importa?- Miguel Rodríguez Torres, si, lo ha puesto preso el mismo régimen al que él sirvió con devoción en la violación de los derechos humanos de todos y eso es otra verdad expuesta por mi admirado amigo Diego Arria hace ya bastante tiempo y de la cual me temo que mide casi como el Atomium en Bélgica de 110 metros de altura.

Son vidas azarosas que escogen los tontos como este, pero ALTO, STOP, PAREN EN SECO, porque ahora hay un grupo nada despreciable de personas que solicitan le sean respetados los derechos del ahora reo, que fungió como el Can Cerbero del infierno, cuando fue el Ministro de Justicia.

Son esas cosas que nadie entiende pero que son verdades inocultables como el Cristo Redentor de Río de Janeiro que no solo está a 709 metros sobre el nivel de la mar sino que además mide 38 metros.

EL CORONEL CUENTA PAPAS

Me llegó de improviso, me pareció mal uniformado, desgarbado, pero eso no es importante. Lo importante es como se autodefine en su twitter: "Chavista, antiimperialista, productor del agro"

Él es el jefe de algo informe inventado en socialismo y por supuesto con nombre grandilocuente para tapar las malas apariencias: "Jefe del núcleo de desarrollo endógeno Bejarano" en el Estado Miranda.

Para todos aquellos que aún no manejan la jerga carcelaria de la revolución venezolana él, el Coronel, es una suerte de cuenta papas y paso a explicarles porque, no sin antes cuidar mis palabras para evitar la burla.

Ser Coronel es algo muy importante, se supone un hombre con experiencia que pertenece por sus méritos y años de crudo sacrificio a la gerencia media alta de las Fuerzas Armadas, es un individuo con experiencia de Comando y con suerte, en Ejércitos profesionales, seguramente también con experiencia de combate real.

A esa altura de la vida, suponemos estudios de post grado a nivel del Instituto de Altos Estudios de Defensa, por supuesto que tuvo que haber aprobado el Curso de Comando y Estado Mayor, hablará al menos un par de idiomas (esperamos)

Cuando un Coronel, cuyo sueldo no es pagado por el Gobierno sino por los impuestos de los ciudadanos todos, se declara abierta y públicamente chavista, pues inferimos que no podrá servir bajo la democracia próxima a venir y ni siquiera quiero pensar en que otro Coronel al pasar esta nube negra, llegara a poner en su twitter: Coronel Adeco, Coronel de Primero Justicia, de la Causa R.

No seguiré fastidiándolos con este chusco análisis que no aguanta reproche, pero debemos aclarar que el Coronel José Raga Garavito declaró lo siguiente: "Soy chavista pero no sinvergüenza ni gafo" y es precisamente aquí donde podemos encontrar la falla psicológica y de formación porque a estas alturas de la hambruna y el saqueo es evidente y explícito que ser chavista es sinónimo de sinvergüenza y a la vez de seguir por esa corriente también muy pero muy gafo o les pregunto: ¿Cuál es la parte de la pobreza que les gusta? ¿Cuál es la parte de la inseguridad que les subyuga? ¿Cuál es la parte del mísero sueldo que les atrae y les obliga a robar o a contar papas en el núcleo endógeno?

La esposa del citado Coronel no se queda atrás y sus declaraciones son reflejo fiel de lo que digo: "Reiteró que su esposo es "chavista de los radicales, luchador de los que no le tiembla la mano formado por Chávez... Nadie puede llamarlo traidor pues hace años se declaró chavista, revolucionario y socialista. Todo lo que dijo es cierto", dijo"

Como militar, si algún subalterno se declarase abiertamente político, lo menos que debe hacer es retirarse de las Fuerzas Armadas, porque él no es el Coronel de los chavistas sino de los venezolanos en su totalidad y pido disculpas porque de alguna forma le doy la más cordial bienvenida a la oposición cuando salga de la cárcel donde ahora se encuentra precisamente por sinvergüenza y gafo.

CON EL LADRILLO AL HOMBRO

Me encantaría escribir para vivir, pero como lo dijera el premio Nobel, quien escribe para comer, ni escribe ni come, de manera que me dedico entonces a leer y el admirado Benedetti, llegó a asegurar que había personas que andaban por la vida con un ladrillo al hombro para mostrarle a la humanidad como era su casa.

Probablemente en el caso de los escritores sea cierto. Escribimos y lo seguimos haciendo, relatando cada pequeña cosa de nuestra vida que observamos desde la pupila zahorí. Buscamos y tan solo una frase de uno de los integrantes de la bohemia, te compra, te subyuga, te doblega, sacas raudo tu bolígrafo y anotas en la servilleta gastada que guardas en el bolsillo del jean, la sentencia como un título que seguramente te dará unas mil vistas en el blog. Allí se desarrollan las ideas, los relatos, las sinonimias que modifican la conducta y los lectores preguntan entonces por el ladrillo: ¿Quién escribió esto? ¿Cómo es la casa de su mente y su cultura?

Juana la Loca, esposa de Felipe el Hermoso... ¿lo han escuchado?, (pues búsquenlo en el internet) estuvo paseando por toda España el cadáver insepulto y putrefacto de su marido y en carretas tiradas de caballo. A mí me gustaría que me quisieran tanto, pero en verdad no lo creo. Infiero que se desharán pronto de mi cadáver y pronto me olvidarán. Probablemente se sientan más confortables en mi casa al no tener que aguantar al insomne y disciplinado, fastidioso, enjundioso, ruidoso, tecleador de palabras, que molesta con sus sutiles pero evidentes ruidos, ese que al pasar una página lo hace sin entender que hay personas que duermen y lo que más rabia da, cuando se acuesta parece un tronco, si, así pensarán en casa, ¡lo aseguro!

La periodista Berenice Gómez, asegura que el hermano de Hugo Chávez, murió de un infarto fulminante, que se llevaron el cadáver muerto (porque hay cadáveres que no están muertos, como el del hermano), pero que el diagnóstico fue muerte por salmonella y ¿saben qué? A mí me tiene sin cuidado de que murió el Alcalde del pequeño pueblo olvidado de Barinas, lo que si ocupa mi atención es la muerte de muchos venezolanos por endemias que quedaron en el pasado en los países decentes, personas que los mata un zancudo, una araña, un asaltante, una gripe, la diabetes, la esquizofrenia de la escasez o peor aún personas que mueren por hambre. Quiero recordar que el hecho de ser alcalde no implica que su vida es más importante, no, su vida es tan importante como la mía y como la de los niños que cuida Ivonne en el hospital público. No hay derecho a morir de mengua, no es justificable. Por lo pronto la Madre de los hermanos Chávez ha enterrado a dos de sus hijos que han muerto jóvenes y en extrañas circunstancias. Tal vez toda esa familia lleva un ladrillo al hombro, mostrando al mundo como es su casa.

TODOS SON MIS REHENES

La psiquis no tiene humor y los dientes, cuando nos hacemos viejos, siempre se caerán primero que la lengua, de hecho ella nunca se cae, por la sencilla razón de que los primeros no son flexibles, de manera que al igual que los puentes, los barcos, los trenes, los aviones y su propio carro, poseen puntos de flexión para evitar fisuras en la plataforma.

Los gobiernos no distan mucho de la física predicha. Ante cada gobierno inflexible existirá siempre la presión correspondiente que dará al traste con sus planes. Esto ocurre cuando el gobernante no entiende que es él y su equipo los servidores del resto y voltean la ecuación pensando que el pueblo son sus servidores. ¿Nada nuevo verdad?

La ignorancia es una endemia que ataca como el cólera desde hace dieciocho largos años a la llegada del primer ignorante Hugo Chávez y su proterva entrega de todo lo bueno al sistema comunista cubano.

El día de hoy hemos visto que Henrique Capriles se dirige a una reunión en las Naciones

Unidas, pero alto: ¡el ciudadano Henrique Capriles de acuerdo a la ley, puede dirigirse a donde quiera! Y resulta que se enteró en el aeropuerto que su pasaporte estaba anulado, de manera que pasa a ser un rehén del gobierno.

Estos tipejos de baja laya son tan brutos, que ahora si alguien en Washington tenía dudas sobre la violación de los derechos humanos en el país, por parte del gobierno y requería de que Capriles como ciudadano calificado le aclarara sus lagunas al respecto, pues, al serle prohibida sin razón al vocero, evidentemente ya no se tiene ninguna duda.

Algo similar ha pasado con Cesar Miguel Rondón y con cientos de ciudadanos menos famosos, pero a lo que vamos: ¿será que Maduro piensa que todos somos sus rehenes?, porque la verdad es que la oposición no podía ser más democrática, flexible y hasta laxa. La oposición jugó todas las cartas con la paciencia solo de los lamas del Tíbet. Al cumplir cada engorroso requisito, cambiaban las reglas y seguíamos cumpliendo lo que quedaba de ley para evitar resquebrajar aún más el halito que sobraba de democracia, para evitar la asfixia de todo un sistema del cual disfrutaron estos sátrapas mal vivientes, pero malas noticias para el régimen, porque el excremento así sea de su majestad el Rey, siempre olerá a excremento y así huele este sistema y el diente se ha caído, se ha quebrado por falta de flexibilidad y aquella oposición democrática se hastió y ya no lo es más y cuando hay una situación de rehenes, siempre sale alguien mal herido y me encantaría decir que podríamos negociar con el agresor, pero es que él no sabe negociar sino para su provecho y no el del país.

Por más que Maduro y su heredado sistema se crean humoristas, bailarines, simpáticos, payasos o los dueños del mismísimo circo, ya los enanos fantoches crecieron inadvertidamente y se han convertido en gigantes. Todos sabemos que no tenemos opción pacífica de defender los valores democráticos y patrios.

¡No somos sus rehenes, prepárense para purgar sus culpas!

VOCACIÓN DE RAPIÑA.

Esto no es nuevo en el venezolano, entre los que me encuentro.

Hay una ancestral vocación de rapiña, es ese joven dado por vivo, que se las sabe todas y si no, la inventa. La he observado también en los cubanos y otras nacionalidades latinoamericanas; y es insigne ese cuento del asesino Ernesto Guevara cuando Fidel preguntó: ¿y quién es aquí economista? Y el maligno Che, levantó la mano, a lo que Fidel, repreguntó: ¿Y tú también eres economista? No, Fidel, ¡yo entendí comunista! ¿Y qué creen mis lectores? Fue nombrado Ministro de economía.

Tal vez sea esta una leyenda urbana, pero así son estas larvas, nada importa, nada interesa, nada posee un órgano regular, nada cumple con lo estatuido, pero hay cosas peores y paso a contarlas.

Todo comunista posee un pensamiento y una actitud delincuencial, fuera de la ley, abarloada a lo oscuro, tenebrosamente infiel, comprobadamente sin alma, dispuestos a tropelías por conseguir el aplauso de la canalla que le acompaña, en fin, es una actitud de rapiña, pero en Venezuela desde los adecos y copeyanos, (que desde este ángulo que el tiempo me da, son unos lactantes neonatos), pues, esa afición por el robo de la cosa pública, que asumen pueden violar por pública y por ende de todos, se ha afianzado desde la llegada del verdadero culpable; Hugo Rafael Chávez Frías, pero debemos recordar que muchos de los que ahora se rasgan las vestiduras como es el caso de Kiko Bautista, contra quien no tengo nada, me ha hecho reír hasta el dolor, me parece simpático y amable, llegó a escribir que se haría un tatuaje con la cara de Chávez, que hacía falta un hombre que ponga orden, una mano fuerte y militar. Dios, que desacierto, que inocencia, que cándido. No obstante agradezcamos que él, Orlando Urdaneta y otros que no tiene sentido nombrar, han recapacitado y se les agradece el esfuerzo en empujar la carreta, pero debe quedar claro, que sin la ayuda de muchos de ellos, el insecto no hubiese llegado al poder, porque fue por los votos, en uso del sistema democrático que el soldado atacó y nos volvemos a preguntar: ¿Cómo un delincuente como Chávez, que intentó asesinar al sistema, es aceptado por el mismo sistema, para que ahora use sus herramientas para destruirlo? ¿Cómo y con la ayuda de quien, hereda esta palurda monarquía el retrasado de Nicolás Maduro?

Yo concluyo que con las evidencias incontrovertibles de saqueo, con esa vocación absurda de rapiña, de robo, de asalto, muchas de las personas que ahora callan, contribuyeron.

La viveza del latinoamericano es el ancla al subdesarrollo, gracias a Dios Colombia ha dicho que no a otro comunista, asesino, asaltante, secuestrador, mal viviente, tramposo, embustero, falaz y va a segunda vuelta con Iván Duque, que seguramente basado en la ley, en la aceptación y el orden, encaminará hacia la concordia sin cobardía, hacia el empleo de la justicia contra los crímenes del cartel de droga más grande del mundo.

NO TE METAS CON EL COCINERO

En aquel Restaurant de carnes, estábamos muchas personas sentados en la larga mesa. La esposa de uno de ellos, que me quedó enfrente, una persona interesantemente exagerada en sus gestos que parecían más unas muecas estudiadas con detalles en la revista "HOLA", esas cosas que pasan la frontera de la fineza y se convierten en chuscas burlas, le trajeron el vino tinto que pidió, después de que su subordinado marido certificó que estaba bien. Al probarlo me di cuenta que la señora no tenía ni una tibia idea de que probaba y arrugó la cara, no para decir que estaba tal vez avinagrado, sino para solicitar uno más dulce: ¿dulce?

El camarero con paciencia y una sonrisa fingida lo retiró mientras yo pensaba en cuantos camareros escupirían el vino mientras lo edulcoraban con la más silvestre azúcar de la cocina y así fue; se lo trajeron de vuelta, el camarero y sus microgestos disfrutaron de la probada y de paso el muy hipócrita le pregunto: ¿ese si le gusta señora? A lo que ella asintió. El joven sintió mi mirada y nos cruzamos y entendimos ambos lo que había ya pasado.

Levanté la vista y al menos tres de ellos veían el espectáculo y yo ya no tenía dudas, por cuanto son muchas horas de bares las que guardo en mi bitácora de vuelo y ¡ambos sonreímos!

Los cocineros, las recepcionistas, los camareros, todos aquellos que prestan un servicio representando a una organización o a una persona, tienen un poder muy grande si realmente saben utilizarlo. Se los explico mejor: La Canciller venezolana Delcy Eloína Rodríguez se dejó venir por Washington en estos días y trató, en su interminable peregrinaje, de hablar con el Secretario de Estado, pero como ella no sabe de cocina, no fue atendida, porque el Señor Shannon, está entregando cargo y las cosas están como aquel vino que ella quiere que le cambien por uno más dulce (¿dulce?), pero no entiende de cómo son las cosas ahora ni quien escupirá en la copa de su revolución a partir de ahora.

Cosas están pasando que alarman a todos.

¿Sabían Ustedes que una reputada compañía naviera de cruceros no acepta a los oficiales mercantes venezolanos? Y es lógico totalmente que esto suceda por cuanto el que avala las certificaciones internacionales de esa noble profesión son como la azúcar que inocularon en el vino pero también con bastante saliva de todos aquellos que se obstinaron de conseguir actos de corrupción sobre tropelías que de paso son traídas, importadas diría yo, de esa Venezuela gobernada por pillos.

A cada rato me llegan a mi teléfono videos de compatriotas agarrados robando en República Dominicana, en Panamá, aquí mismo en Miami la semana pasada desmantelaron una banda de maracuchos traficantes de armas hacia Venezuela en cajas de acumuladores para carros, yo hice un programa sobre una banda de valencianos que traían cocaína por el aeropuerto de Opa Locka en un avión privado, otra banda de diecisiete que lavaba dinero proveniente de Puerto Rico.

No crean que aquí el cocinero no sabe lo que están haciendo. Este régimen ya no puede sostener su depauperada imagen internacional.

Y QUE CONSTE EN EL ACTA

Esto debe constar en alguna de las actas, porque sería poco serio, imposible, risible, impensable que en las actas no conste como un hecho.

¿No la consigues? Pues debemos preguntarle a alguien.

El interlocutor que a la vez pertenecía al PSUV sugirió: ¡preguntémosle a Luis Tascón! Es una buena idea, él siempre sabe de esas cosas, de los documentos, se conoce la vida y milagros de casi treinta millones y tiene una excelente base de datos donde seguramente estará asentado lo que debería constar en el acta.

El escucha, miembro activo de los colectivos, arguyó: me comenta el camarada al oído que él cree que Tascón falleció. ¿Estás seguro camarada? Y el infeliz con un gesto afirmó.

¿Entonces porque no sugiere a alguien que sepa?

Nosotros en los colectivos tenemos a alguien que si no sabe lo inventa y si no puede, toma por la fuerza la oficina que tenga la información. ¿Y quién es esa persona? Pregunta el del PSUV, pues mi comandante Lina Ron. Ven acá, dice el mismo, yo escuché que la comandante Ron también había muerto y aunque usted no lo crea murió de un infarto al corazón. ¿Y porque dice aunque no lo crea?, ¡pues porque nadie piensa que ella tenga corazón!

En tono taciturno el colectivo susurró: "no lo sabía", pero tengo otra idea: el que si lo debe saber es un abogado de esos leguleyos, letrados, bien hablados, yo conozco a uno. ¿Quién, pregunta el del PSUV?, pues Escarrá. Carajo camarada, al abogado lo consiguieron muerto en extrañas circunstancias en un hotel, el que queda por allí es el hermano y tiene problemas de salud y diarrea desde que le insinuaron que le quitarán sus bienes en Estados Unidos, de manera que con ese no contamos.

¿Entonces qué hacemos, el Comandante galáctico estaría cumpliendo anos hoy y nadie sabe cuándo murió? No consta en ningún acta su fallecimiento.

¡Ya se!, afirma el del PSUV, preguntémosle a un militar y el colectivo le dice: ¡yo conozco al General Müller Rojas!, es amigo mío.

Camarada, malas noticias, no debe ser muy amigo suyo, porque también falleció y Usted no lo sabe.

OK, vamos a la contraloría, yo conozco al Contralor General de la República Clodosvaldo Russian, cuando me estaban tratando la reuma en Cuba y a él una enfermedad secreta, buena persona ese viejito.

Podríamos seguir divirtiéndonos en la búsqueda de lo que debe constar en el acta y ¡todos están muertos!, porque el odio, el resentimiento y la envidia son el combustible, el comburente y el carburante de la revolución, todas energías bajas que se comen a sus autores.

Por los momentos Chávez cumpliría anos de nacido y nadie puede dar con el paradero de su acta de defunción ni la del nacimiento de Maduro.

Esta última sentencia, si, la de arriba, el párrafo anterior, por favor Señor Secretario General, que conste en acta y sírvase enviarla para publicación y conocimiento de toda la ciudadanía.

¿EL PUEBLO CHAVISTA?

Hace muchos pero muchos años, nos embarcamos en una aventura para llevar salud a los pueblos indígenas de Venezuela y yo que no conocía esos parajes, me anoté de primero.

Llegamos con nuestros buques anfibios con todo un inmenso equipo de médicos militares, motivados, preparados, jóvenes como era yo, con la firme intención de ayudar.

En la cubierta principal, se puso una carpa y recuerdo perfectamente que uno de nuestros odontólogos atendía a un niño que no pasaba de los diez años de edad y una vez ejecutada la exodoncia le invitó a que mordiera una gasa para mitigar la hemorragia.

Nos mudamos de población, los buques zarparon y llegamos a otro asentamiento indígena, ya habían pasado tres días del evento prenombrado y de repente, a lo lejos, sobre el inmenso río Orinoco, venía rauda una embarcación con el niño del diente y su cara inflamada. Llamé corriendo al odontólogo quien le prestó sus servicios inmediatamente, la infección era por decir lo menos bíblica y descubrimos que el niño indiecito aun mordía la gasa porque nadie le dijo cuándo sacarla de su boca. Como es de esperar no solo era una infección, sino un proceso terrible de descomposición.

He visto con estupor en un portal del enemigo que "El pueblo chavista marchará en apoyo a la revolución" y me acordé del indiecito. ¿Será que nadie les ha informado sobre el proceso de descomposición? ¿Será que no sienten la hediondez? O ¿por ignorancia, como los padres del indiecito, no saben cuándo sacarse la gasa de la boca?

La verdad es que también poseo mis lagunas, son muchas, porque la ignorancia al igual que el conocimiento los considero infinitos y yo ignoraba que aún había "pueblo chavista"

Los tres chiflados no han desaparecido de los medios, era aquel programa cómico que me encantaba en mi infancia. Un vaudeville gracioso por la torpeza de sus protagonistas, sus iras y que por estas tierras se conocía como "The three stooges" donde estaban Moe, Larry y Curly.

Nicolás Maduro, Diosdado Cabello y Delcy Eloína Rodríguez lo hacen muy bien y mantienen distraídos con un altísimo índice de audiencia televisiva a toda Venezuela y parte de las Américas y Europa. Creo que han sobrepasado con creces el vaudeville original llevado a cabo por Columbia Pictures a mediados del siglo pasado.

Su técnica más flamante está en ese talento infinito de asustarnos, de ponernos en ascuas, de cambiar las reglas, de destrozar la economía y ya nadie quiere trabajar para no perderse un solo capítulo de los tres chiflados.

Ahora el dinero no vale nada, ahora sí vale pero hasta el dos de Enero, a Delcy le fracturaron la clavícula pero era el brazo, Diosdado amenaza con una guerra pero sin él y los narco sobrinos que son productores itinerantes del programa están tras de cámara pero con barrotes en una cárcel americana.

Los tres chiflados, es un gran programa y el gobierno venezolano asegura aun, que hay un pueblo chavista que les aplaude, no, no es cierto, ¡que humildad tan grande!, son continentes enteros que no se pierden sus inventos que a todos tienen distraídos.

DEMENCIA PRESIDENCIAL

En nuestro idioma, las opciones pueden ser muchas, pero las alternativas serán siempre dos, esta o aquella.

Nadie quiere hacerlo mal. Yo mismo espero que cada una de mis letras sea de su agrado. En mi trabajo me esfuerzo para obtener buenos resultados. Si no sé algún procedimiento o mi criterio se pone de rodillas por desconocimiento, simplemente pregunto al que sabe. Normalmente en familia intento tener consenso a sabiendas que mi hogar es monárquico pero soy un Rey bueno, tal vez como Luis XIV aunque a veces se me sale ese poco de Enrique VIII que todos llevamos por dentro.

La infeliz frase "Chávez vive, la lucha sigue" no se ajusta a la potabilidad de la psiquis. Es una suerte de loa a la locura, al desacierto, a la fábula y por ende a la fantasía.

Me encantaría que sobretodo los venezolanos me dijeran ¿qué está pasando en el planeta? porque tengo una semana que lo único que veo es la masturbadora noticia de la muerte, las exequias, la vida, la historia, los asesinatos, excesos y lujos de Fidel Castro y eso creo que tampoco contribuye mucho a la sanidad mental.

La economía, que no entiende de consignas, que no entiende de ajustes, de regulaciones ni de Presidentes socialistas, está en el eje del mal formado por Cuba, Venezuela, Bolivia, Ecuador y Nicaragua, por decir lo menos golpeada y sin visos de recuperación.

La mejor y creo que más ajustada frase para definir la locura que he conseguido la escuché de Xavier Serbia en CNN: "es aquella persona que siempre hace lo mismo repetida y consuetudinariamente, esperando que los resultados sean diferentes". Comete los mismos errores, con la esperanza de que un golpe de viento divino cambie las circunstancias, que suba el precio del petróleo por obra y gracias del Espíritu Santo o mejor aún, recordaremos aquella frase de Nicolás Maduro en el Parlamento en referencia precisamente a la economía: "Dios proveerá" y yo que con mi cara de pecador insisto en ser un consumado creyente católico sé muy bien que ese no es un problema de Dios sino del bíblico libre albedrío, de las decisiones del ejecutivo, de los aciertos del idiota, pero ¿Qué digo? ¿Aciertos de un idiota?

No existe un ápice de duda que Maduro no está calificado para el cargo, creo que ningún chofer de autobús lo está, creo también que ningún militar lo está, se requiere el roce político, la personalidad correcta para inspirar, producir riqueza, aceptar la disidencia y la crítica, tener visión de futuro, tener un pasado gerencial y político exitoso y muchas otras características.

Maduro no quiere hacerlo mal, nadie quiere hacerlo mal, lo que ocurre desde mi criterio, (no siempre acertado) es que estamos frente a un problema de insania mental, desde el momento en que se hace Presidente sin estar capacitado y esperar desde la esperanza que las cosas salgan bien, pero ALTO, DETENGASE, STOP, las personas que han votado por él tampoco se salvan, de manera que probablemente estemos en presencia de una patología generalizada de amplio espectro.

UN PAÍS SIN ALMA

Me contrataron para aquel programa especial de ética para los oficiales de la policía del Estado Carabobo y en mi primera clase, saqué de la cintura mi pistola gran potencia de 9 milímetros, la puse sobre el escritorio y pregunté a mis alumnos: ¿Por qué, sabiendo disparar, sabiendo cómo se hace, conociendo la trampa y sin ninguna policía que pueda meternos presos, no nos ponemos de acuerdo, asaltamos varios bancos y nos repartimos el botín?

La cara de todos era de desaprobación y les dije: quítenme esa cara, porque más de uno de ustedes lo ha pensado, de hecho, la psiquis del policía está dividida por una delgada línea, por una difuminada frontera de la del ladrón o ¿es que acaso a Blanco no lo metieron preso ayer?

Algunos no sabían lo del Comisario Blanco y comenzó un murmullo general.

Hice buenos amigos entre ellos y creo que entre todos hicimos un buen trabajo y les conocí muy bien.

Con asombro, estimando las cuatro de la madrugada, cuando me disponía a arreglar los papeles de la investigación que he hecho para mí más reciente novela, me llegó de uno de ellos, una foto inédita de los más de sesenta cadáveres de presos, quienes murieron por asfixia, otros tiroteados en una cárcel en su Cuartel General que se supone no debía tener más de cuarenta reclusos, pero este número estaba sobradamente duplicado en el país de la inopia, del hambre y la injusticia.

Todos acostados y desnudos con ese inconfundible rictus mortis en uno de los pasillos que caminé junto a mis alumnos.

A veces, debo confesar con pena, que he perdido la fe. A los curas también les ha pasado, inclusive a una Santa como la Madre Teresa de Calcuta, que era venezolana por naturalización, pero siempre recibo un contundente mensaje que me hace entrar al redil.

Realmente, ahora, antes del amanecer, me está pasando, he perdido la fe en este país sin alma, este país que sufre no de la maldad de sus gobernantes, sino como bien lo dijo el nuncio, esto es un problema del maligno, de satanás, del corrupto, es la lucha del bien contra el mal, es la escasez del sentido ciudadano, del sentido de humanidad, es la loa a la más alta maldad y al desprecio por la vida y la paz.

Como si se tratara de conchas de ajo, en los medios de Venezuela, nada se ha reseñado, porque parece que lo mejor es olvidarlo.

No pondré la foto, para no regar más basura en la psiquis de Ustedes mis lectores. Realmente no hace falta verla para entender lo que ahora escribo.

En alguna parte, por algún resquicio, entró el diablo a divertirse y a torcer todo lo bueno de un país ahora poseso por él.

Yo solo seguiré orando, seguiré buscando, el alma perdida de Venezuela.

Paz a las almas de estas víctimas de un sistema absurdo que maltrata por igual a buenos y malos.

VIRIATO EN LAS CALLES DE VENEZUELA

Es una vergüenza para los militares como los están vapuleando civiles desarmados. Toman camiones de sus convoyes, toman e incendian cuarteles de policía, han quemado el museo que otrora fue la casa materna de Chávez, me ha llegado la foto de un Coronel al que han desnudado y puesto a caminar por las calles, han hecho presos a Guardias Nacionales y les han amarrado a postes de luz también desnudos y no puedo menos que acordarme de Viriato y sus huestes contra el cuadriculado, abusador, implacable, violador Imperio Romano. Se los explico mejor: yo considero a Viriato como uno de los más insignes protagonistas de la Península Ibérica en esa lucha patriótica, similar a la venezolana, contra el invasor extranjero o ¿es que acaso Maduro no es colombiano y está rodeado de cubanos castristas que superan los sesenta y seis mil?

Esta historia es tan vieja como tan actual, porque todo comenzó en el año 150 antes de Cristo y en el 147 fue elegido como líder y caudillo de las tribus lusitanas, pero a lo que vamos: se enfrentó, como lo hacen nuestros "viriatos" en Venezuela, contra legiones bien armadas y fortificadas del temido Imperio Romano, pero, ¡hay un pero!, porque lo primero que hizo fue difuminar al pueblo en grupos (como en Venezuela), en terrenos con frecuencia inaccesibles para los romanos (como en Venezuela), y parecía a toda vista que perdería por el número de guerreros que mostraba (unos mil a lo sumo) para enfrentarse con las magníficas y bien entrenadas legiones; sin embargo, este brillante estratega, conociendo las falencias de sus enemigos y su manera de pensar, diseñó una manera de pelear contra ellos y debilitarlos (como en Venezuela), golpeándolos mil veces y en mil lugares diferentes (como en Venezuela), evitando el campo abierto, aprovechando el escarpado terreno que les era familiar y donde se habían criado (como en Venezuela).

Esto que pasa con la Guardia Nacional, (me refiero a su desconcierto ante la fuerza de la moral de los luchadores en resistencia), es exactamente igual a lo que pasó en aquellos años distantes.

Ciertamente los muertos del bando oposicionista al que pertenezco han tenido bajas, pero paradójicamente ellos –la Guardia Nacional y la policía- saben que están perdiendo y ante cada mártir de la represión y la dictadura, se reproducen por cien más.

Los Estados Unidos de América perdió la guerra de Vietnam, por cuanto no lograron su objetivo, pero murieron unos 55.000 americanos contra unos dos millones de vietnamitas, ¿paradójico verdad?, en esta guerra evitaremos con éxito el comunismo y no podrán contra la voluntad y las ansias de libertad de sus ciudadanos.

La guerra se está librando en todos los frentes y ellos no podrán, porque entre los frentes se encuentran sus propios hogares, el hambre de sus propios hijos, sus propias creencias y su ya evidente cansancio que raya en la desesperación por encontrarse, como lo dijera un novel escritor amigo, entre sus bayonetas y la espada de Damocles.

UN ZEPPELIN SOBRE MI CASA

No cabe dudas que la más reconciliadora e histórica mixtura entre el Reino Unido y Francia es el whisky con agua Perrier, de manera que contribuí a la paz mundial tropicalizándolo con mucho hielo y salí a mi balcón junto a un puro de hoja dominicana, ¡por aquello de las Naciones Unidas!

En mi horizonte visual, apareció una suerte de inmenso elefante volador, con inmensas letras "GOOD YEAR" y me vigilaba, le daba vueltas a mi edificio, de alguna manera podía ver a la gente en la barriga del inmenso zeppelín, que me veían como si yo fuera uno de los monos del circo, con lentitud y majestuosidad, se retiró hacia el norte y se camufló, haciendo fintas de que tomaba fotografías del partido de basquetbol en el American Airlines Arena, ¡pero yo no me dejaba engañar!, regresaba a espiarme y mi trago aun sin probar, me volvía a ver , esta vez se acercó aún más a mi casa y subió para posarse sobre mi cabeza en un ángulo, donde no le veía, pero donde escuchaba su antipático motor propulsor.

Decidí probar mi trago y encender mi tabaco, miré el atardecer y brindé por nuestro éxito, el motor se acercaba y allí apareció para ocultarme la tarde.

Al banco de Andorra le sucede lo mismo. Tiene un inmenso Zeppelin, lleno de justicia y sabios auditores vigilándolo y espiando, dándole vueltas, zamureándolo y como está bien alto puede ver sin dificultad a los tres exministros chavistas, a Carlos Aguilera del SEBIN, al ruso mafioso que se descubrió ayer, a los zetas mejicanos y a todos los consumidores de decencia del crimen organizado en el que se incluye al asiático antipático, sobornador de ejecutivos del banco, cuyo negocio es el tráfico humano y la venta de menores, ¿Qué les parece esa institución bancaria?

Si no hubiese consumidores de drogas, el negocio fuera muy mal y si no hubiese bancos bandoleros, los capitales ilegales no podrían lavarse, de manera que la guerra posee varios flancos, mientras el Zeppelin se posó frente a mi balcón y yo me sentí culpable ¡de no sé qué!

EL MUSEO DE LOS MÁRTIRES

Ya lo ordenaron y creo que por la cantidad de mártires será una construcción de magnitudes extraordinarias, corrijo, será inmensa, diez veces más grande que el estadio de los Marlins en Miami, ¿qué digo esto? Será al menos ochenta veces más grande que Fuerte Tiuna, no, pensándolo bien podría ser del tamaño del Estado Bolívar.

Hace pocas horas Nicolás Maduro acaba de ordenarle al poeta y titiritero (palabras textuales de Maduro) Ministro del Poder Popular para la Cultura, el Señor Freddy Ñañez, la construcción en las instalaciones de cuartel San Carlos, del MUSEO DE LOS MÁRTIRES DE LA REVOLUCIÓN y lo lamento, pero allí no caben treinta millones de venezolanos.

Yo puedo entender que el Presidente obrero no sepa contar, el que sabe contar es el ingeniero de la obra del obrero, pero debemos advertirle que no es Luis Tascón, ni el Fiscal Danilo Anderson, ni Eliecer Otaiza, no, déjenme que les explique: Luis Tascón murió de cáncer, a Danilo y a Eliécer los mataron y por supuesto nadie, pero nadie en el gobierno sabe quién lo hizo, pero todos los demás si lo saben, ¿entendieron?

Los verdaderos mártires de la revolución son todos los venezolanos sin excepción.

Maduro ordenó a sus empleados en cadena nacional, que sean creativos y que el museo tenga la última tecnología y las caras eran cuando menos desopilantes, expectantes, lánguidas.

Con frecuencia me prometo hacer el ejercicio inmenso de voluntad de no escribir sobre los esbirros, pero debo confesarles que fallo, que no aguanto la pulsión, la tentación, la inclinación incontrolable y ¡lo vuelvo a hacer! Y luego me arrepiento, luego me castigo con un cilicio intelectual y me recrimino: ¿pero si hay tantas cosas del conocimiento humano, porque escribir sobre esta naturaleza caída de estos humanos, de estas personas que nada han aportado a la humanidad?

Por ahora, se le ha cedido al Ministro culturoso y titiritero, la feliz oportunidad de pasar la cuchara a la olla, antes de la estrepitosa caída del gobierno y engrosará con la intervención divina del Comandante Eterno esa suerte de jet set barinés, donde pronto será millonario y todos nos preguntaremos: ¿y dónde está el MUSEO DE LOS MÁRTIRES DE LA REVOLUCION?

Todos saben que el museo está en sus casas, en sus calles, en sus ranchos, porque todos son mártires del hambre y del HOLODOMOR de la revolución, todos sabemos que caerán con la fuerza de la ley de gravedad, mientras la Guardia Nacional, cuida que no se roben las piezas del museo, porque nadie debe hacerlo primero que ellos, porque ahora todos son iguales y porque Chávez prometió acabar con los pobres y lo está logrando, los está diezmando o los está sacando del país con la ayuda del Presidente obrero.

LA HIJA DE LA IGNORANCIA

Si, la ignorancia tiene una hija que me temo es poco deseada y bonita, me refiero a la vanidad.

Me ha llegado un artículo de un Teniente Coronel de nombre Stanilaw Dubis, bien escrito, aunque confieso que ese estilo severo, marcial y castrense no se me parece en esta época de mi vida, pero lo hizo bien y con este comentario aprobatorio, dejo al descubierto mi propia vanidad de escritor, porque también debo reconocer que soy ignorante en una gran mayoría de temas del conocimiento humano.

Se refiere el oficial, a la conducta de un protervo Almirante, un individuo rapaz y larvario que deja entrever desde sus escritos mal vividos titulados "Desde mi trinchera" los logros que para él tiene y presenta a diario la revolución y el gobierno de Nicolás Maduro. ¿Pueden imaginar tamaña ignorancia y mayor vanidad?

A veces y siempre en mala hora me llegan, informando que depositaron la pensión a los retirados, informando que hay pollos y legumbres en tal o cual sitio, ¿y qué importa? Cuando esto no solo es el logro de nada sino la supervivencia de pocos.

Como humano que soy, recuerdo sin resentimientos, los oscuros comentarios que Walter Becerra, a quien nos referimos el Teniente Coronel y yo, hizo en un artículo mío llamado "La tragedia de ser Infante de Marina" que levantó por decir lo menos, muchas ocultas pasiones a algo que en realidad sigo pensando, porque mis lectores bien saben que si no fuera así, con suma humildad pediría perdón y retiraría con toda caballerosidad mis palabras, pero lo lamento, me temo que sigue siendo así, son una carga organizacional divorciada de los valores y las funciones de la Armada, pero por favor ruego prudencia, porque ese no es el tema que nos ocupa, el que sí, es el terrible fenómeno que un individuo al que se le alzó el nefasto y también infante de marina el Contralmirante Gruber Odremán, en aquel absurdo 27 de Noviembre de 1992, cuando él fungía como Comandante del inoperante cuerpo, ahora y desde hace más tiempo del que la inteligencia ordena, ruegue y muestre esa bocanada infecta de sabiduría revolucionaria, mientras la ciudadanía huye despavorida del "Holodomor" selectivo a la que es obligada al mejor caso Ucraniano.

La ignorancia y su hija la vanidad, son imprudentes y lo digo con todo conocimiento de causa, porque yo lo he sido, pero lucho al menos con ser cada día un poco menos, mientras que Walter Becerra, no solo es un ignorante del dolor y del padecimiento humano en la Venezuela de la inopia, sino que además es lo supremamente vanidoso para no ocultarlo e intentar desde algunas chuscas letras lo que Kafka definió como la expedición a la verdad, refiriéndose a la literatura, si es que acaso los faltos de contenidos de sus noticias palurdas se le llegaran a acercar a uno de los más bellos oficios.

Si yo fuera Becerra, pues, al menos guardara silencio y dejara que el tiempo hiciera milagros y hasta le respetaría si estuviese convencido de que vamos bien, pero, no puedo hacerlo, cuando vemos a la juventud hurgar en las basuras de sus pensamientos

LOS MISERABLES DE HUGO

Recuerdo haber comprado la obra, encuadernada en cuero y matizada con letras doradas. La guardaría para mis hijos, debía estar en la biblioteca de un escritor.

Fue ambientada en el Paris de 1832, aunque fue publicada en 1862. Llegó a decir Víctor Hugo que se inspiró en el criminal Vidock, quien se redimió y hasta llegó a fundar a la Policía Nacional Francesa. Posee un estilo romántico y arguye con argumentos sólidos, razonamientos sobre el bien y el mal, sobre la política, la ética, la justicia y la religión.

¡Era la época de la revolución francesa!

Jean Valjean es el protagonista que desarrolla en su rededor la trama y para no fastidiarles la considero como la obra por excelencia del poeta, político y escritor Víctor Hugo, ¡una obra para la vida!

La semana pasada tuve la oportunidad de dar una conferencia sobre ética y citando al filósofo y gran novelista contemporáneo Fernando Savater, "la ética es la complicidad con el proyecto" y yo le agregaría: ¡cualquiera que este sea!

Hugo, trajo a los maleantes como Vidock y junto a él toda una banda de rastreros pillos, que ascendieron en la matanza de la decencia, avalados también por la revolución, robaron, mataron, crearon odios entre ciudadanos, lucha de clases, atacaron y exterminaron a los artesanos y comerciantes más prósperos, modificaron las leyes a su antojo y crearon entonces el caldo de cultivo donde la prostitución y la droga siempre crecen y se reproducen.

Al final todo saldrá bien, porque si aún las cosas no van bien, es porque no hemos llegado al final, pero los miserables deberán redimirse y el cauce de este río desbordado entrará en razón.

Hugo, falleció y no por lo que entró a su boca, sino por lo que salió de ella. Maldiciones, amenazas, vejaciones, insultos y maledicencias en tropeles nunca antes visto. Murió jóven, murió solo y en otro país y yo sigo ojeando las páginas de la novela para intentar descifrar el porqué de tanta ineptitud y maldad.

A la muerte de Hugo le suceden los pranes que han convertido a todo el país en una cárcel donde los maleantes campean en busca de sangre nueva y los decentes están tras las rejas de sus casas, atemorizados y absortos en la depresión que siempre regala la impotencia.

Las historias de Los Miserables de Víctor Hugo, empapelan la vida con la virtud, pero después de las protervas historias llenas de las bajas pasiones y malas entrañas, llenas de la persecución y la deslealtad.

Hugo Chávez, el Hugo zambo al que me refiero entre líneas, no es un héroe, tampoco un santo, aunque el Ex Vicepresidente consorte Jorge Arreaza asegura que ha hecho milagros y yo estoy de acuerdo con él, porque nunca antes un individuo tan escaso hubiese podido ser Vicepresidente, como tampoco Nicolás Maduro Canciller y luego Presidente, si el miserable Hugo no hubiese ascendido al poder para hacer a todo un país igualado bajo la tundida administración que los ha hecho pobres.

SIN PENA Y SIN GLORIA

Mi colega Víctor, me pide en la mensajería privada del facebook que escriba sobre Clodosbaldo Russián y la verdad es que no me inspira, porque comenzarán nuevamente esos insulsos comentarios, sobre mi incapacidad para ser benevolente, piadoso, amable, dirán con cierta razón que soy un católico light, que no tengo sentimientos....que se yo!

Hoy en la madrugada me enteré de su muerte. Ahora entiendo que su tez blanca, con las mejillas rojizas no era por el frío Tachirense, sino por una tensión arterial exponenciada en sus límites y es que no puede ser de otra manera, porque pocos hicieron tanto daño como Clodosbaldo, con su sola presencia y ese antipático halo de prestigio del que se rodeó y que ni el mismo se lo creía, para hacer la más grande fechoría, la cual es, el pecado capital de la pereza, al aprobar sin fórmula del más mínimo juicio, cualquier propuesta, (por corrupta que fuera), que cumpliera el único requisito de venir desde donde se miran las flores (Miraflores, casa presidencial de Venezuela y esto lo pongo porque me he dado cuenta que nos están leyendo copiosamente desde Europa y Canadá).

Russián, fue el Contralor General de la República y su mayor logro fue el castrar parte de las esperanzas de toda la ciudadanía venezolana, al inhabilitar políticamente y sin ninguna razón legal y de peso conocida, a algunos políticos que podían darle una sorpresa electoral a su amo a quién se debió en subordinación y respeto absoluto durante toda su larga gestión….creo que si yo fuera Presidente, me hubiese gustado uno igual, pero es que no son fáciles de conseguir, porque nunca nadie, fue tan rastrero y eso tiene un mérito, que se cobró en grandes cantidades de bienestar.

La gente muere y con ellos sus errores. No se debe hablar de los muertos, por la simple desventaja que tienen de no poder defenderse desde el más allá. Clodosvaldo, el inefable, el odiado y a la vez mal entendido, fue llevado a Cuba para ser curado con la medicina revolucionaria, que no tiene internet, cuyos médicos son unos individuos confinados y sin la osmótica relación profesional con el mundo exterior, lo que a mi juicio los limita y sus aprendizajes son producto del ensayo y el error en un país sin derechos humanos y donde se pueden equivocar y experimentar al mejor estilo del Dr. Menguele, en aras de la buena e inventada reputación de la ciencia cubana.

Fue un excelente servidor de la revolución, cumplió a cabalidad el trabajo que le fue encomendado y con una exactitud suiza. A sus familiares les recuerdo que no es nada personal, pero con su partida se cierra un interesante ciclo de corrupción administrativa, pero sobre todo corrupción moral de magnitudes bíblicas.

Murió en Cuba, el ideal de país que ayudó desde todos sus esfuerzos a construir en su Venezuela natal y me parece muy bien que desapareciera antes de ver la obra de la maldad terminada.

Creo que Clodosvaldo Russián, murió sin pena y también sin gloria.

UNA FAN ENAMORADA

Si, así mismo es el amor, distorsiona todo, obnubila las mentes más claras, confunde a los más recios, hace decir cosas tontas en la mayoría de los casos.

Otras personas más inteligentes y sin enamoramientos lo simulan y por supuesto ellos mismos contribuyen a distorsionar para luego justificar ese sentimiento con una sorna sonrisa. Otros se hacen los tontos simulando estar obnubilados, la mayoría de estos especímenes ya llegan confundidos sobre su sexualidad, pero igual, poseen un objetivo claro e inconfundible, el cual es hacerse de algún poder.

El amor es rico, yo he estado enamorado creo que la misma cantidad de veces que dejé de fumar, de manera que pudiese decir que tengo una respetable experiencia en ser un poco tonto, ¡pero no tanto!

Imagínense, que Jorge Arreaza se enamoró de la hija de Chávez y todos inferimos que fue amor puro, puro de verdad, incontrovertible, porque como sabrán, que un tonto semejante sea actualmente el Canciller no es casualidad, hay un intercambio de fluidos presidencial, probablemente gubernamental de alto nivel, que le ha hecho ser confiable para el sistema de saqueo y de justificación de la estrepitosa caída al vacío. El Gobierno Norteamericano ha incluido a cuatro funcionarios militares de alto rango en la lista de truhanes y este furibundo defensor revolucionario ha dicho lo siguiente:

En una serie de mensajes en Twitter, el canciller venezolano, Jorge Arreaza, afirmó que la portavoz del Departamento de Estado, Heather Nauert, y "el mundo entero deben saber que la FANB (Fuerza Armada Nacional Bolivariana) jamás se doblegará ante ningún poder extranjero".

"Y mucho menos ante las fuerzas imperialistas y guerreristas del gobierno supremacista de Donald Trump", agregó el ministro de Asuntos Exteriores en sus tuits, que exigen "respeto al pueblo de Venezuela y sus instituciones".

Arreaza añadió que la "vocera del Departamento de Estado de EEUU, @statedeptspox, debe entender que nuestra Fuerza Armada Nacional es profundamente Bolivariana y su interés superior es defender la independencia del Pueblo venezolano, obedecer su mandato popular y la autoridad del Gobierno"

Por esta patraña que Arreaza se atreve a decir, olvidando a las fuerzas invasoras cubanas que han tomado a Venezuela y defendiendo a los narcotraficantes acusados, más lo predicho en los sinusoidales comportamientos de los enamorados, no puedo menos que concluir que el tonto Arreaza es ¡UNA FAN ENAMORADA!, muy enamorada y por ende díscola, poco lógica, terriblemente fuera de la realidad, solo el amor la mueve, solo el narcótico divino de la atracción la subyuga, solo la droga psicotrópica de mantenerse en la equivocación para no perder la cuota de poder que obtuvo en una entrepierna chavista, le ha obligado a abandonar toda dignidad (como sabemos hacer los enamorados), para conseguir la sonrisa aprobatoria del amante.

UN MÍNIMO DE DIGNIDAD

La dama le decía en el cuarto, mientras recogían las cosas de ella, que evidentemente había terminado la relación, mientras él, tomando algunos discos compactos, le sugería que no lo hiciera, que intentara reconstruir lo derrumbado y ella, cruel, decidida o tal vez obstinada tan solo le espetó: "deberías tener un mínimo de dignidad"

Volví a ir al cine. Una película que pude ver en tres idiomas porque era italiana, con sub títulos en inglés y yo pensaba en español, se llama "La Mia Mama" en ese teatro impecable donde solo consigues buenas películas con mensajes contundentes, lleno siempre de personas maduras e inteligentes, apropiado, amable y sobrio dentro de la modernidad de Coral Gables.

La dignidad es importante para la muerte, para el sexo, para los negocios y por supuesto para el amor. Es aplicable a la vida en todos sus escenarios y nos permite sentirnos orgullosos de nosotros mismos, nos deja un buen sabor en la boca y con frecuencia tiene adversarios menos dignos que criticarán y la confundirán con la arrogancia, pero no, debemos ser dignos hasta para ir al baño, dignos en nuestras relaciones y de paso al ser practicada con frecuencia nos sirve como una inapelable herramienta para bien vivir.

Hace dieciséis años entré a la agregaduría militar en Washington para presentar mis credenciales al cargo al cual había sido asignado en Norfolk, estado de Virginia aquí en los Estados Unidos y después del postigo, se encontraba a mano izquierda una oficina con un adiposo individuo calvo, vestido de civil que me llamó a viva voz y yo seguí como si no le hubiese escuchado y tan solo me dije: ¡a mí nadie me llama gritado!

El impecable Almirante que me atendió con la caballerosidad y el garbo que todos esperamos de un oficial naval, recibió la llamada por el interno mientras conversábamos, alguien preguntaba por mí y ¡sorpresa! Era el adiposo funcionario que de paso era General del Ejército y antes de finalizar la conversación le dije al Señor Almirante que yo no tenía nada que hablar con el grosero individuo y que le rogaba me disculpara, pero eso seguramente terminaría muy mal.

Hemos visto en el mundo, como un país todo repulsa públicamente a un Presidente, al heredero del desastre, al corruptor en la corrupción, al hombre más incapaz que la historia de Venezuela puede alguna vez registrar, al error histórico abismal, al aborto de la inteligencia, al mangangá, chapucero y lambarero más rastrero, al que entiendo, fíjense que interesante, lo entiendo y paso a explicárselo mejor: no solo Nicolás Maduro Moros sino toda la camarilla incluyendo a los Generales, jamás pensaron en llegar allí y como tales, con el pensamiento delincuencial de los brutos, nada edifican, nada construyen, nada crece bajo sus pies, sus tiempos son producto de la causalidad más inverosímil y saben por supuesto que son finitos y por ende llegaron a saquear, sin dignidad alguna, sin prestigio conocido ni moralidad, de manera que eso es a lo que nos enfrentamos.

¡Al menos deberían tener un mínimo de dignidad!

MERENTES, ¿REGÁLAME UNA FLOR?

No hay dudas de que está buena, parcialmente arropada o parcialmente desnuda, como se desee ver, está bien por todos los ángulos. Esta inmensa barriga es también un catalizador de tanta belleza física. En verdad que este Doctor logró violar la ley de gravedad con esos implantes mamarios y los que les mandé a poner a la suegra, también quedaron muy buenos.

En la cama pensaba Nelson Merentes y ella allí, a su lado, no nos dio tiempo anoche o mejor dicho hace un rato, de que se quitara el maquillaje.

El trasero también le quedo muy bien, el piercing en el ombligo, que a mí no me gustaban se le ve bonito, cavilaba Merentes.

Recuerdo cuando la conocí, aparentaba ser inocente, era o mejor dicho aún lo es, menor de edad, pero la verdad es que conmigo ha aprendido un mundo y la suegra, la suegra, si Hylang, ¿Qué nombre tan raro, parece más bien vietnamita? Acepta con tanto cariño nuestra relación que creo que me estoy enamorando.

Los maledicentes periodistas han sacado a los medios nuestros amores y ella ha salido al paso con valentía, Hyser Albani reconoce todo lo que he hecho por ella, sí, porque se llama Hyser y ya no parece tan menor, es un trabajo bien hecho, lo he hecho con el sudor de mi frente y del Banco Central.

Ella, a su lado abre los ojos melosa, sonríe, muestra los nuevos frenillos que el odontólogo ha puesto en sus dientes para buscar la perfección y que también han sido pagados por Merentes, Nelson Merentes, el Presidente del Banco Central de Venezuela. Se estira como una gatica, gime y tan solo dice con voz queda..."buenos días Papi" ¡estaba pensado que quiero que me regales una flor!

Nelson Merentes fue objeto de un robo en su casa de playa en Tanaguarena en el Estado Vargas, Venezuela, se desaparecieron $300.000, unos 40.000 Euros y otros objetos de valor, que apuntan a Hyser como culpable, pero no, ella ha dicho que fue su prima y Merentes ha ordenado que como son cosas de familia que no se investigue y punto.

¡Que bella! No solo por fuera sino por dentro, es sensible, me ama, sabiendo que pudiera regalarle lo que me pida, tan solo me pide una flor...!que bella!

Merentes: ¿y qué tipo de flor quieres? ¿Crisantemos, margaritas, girasoles, rosas?

Hyser: no Papi, ninguna de esas...yo quiero una Flor Explorer 2018 con asientos de cuero.

Y colorín colorado este bello cuento de amor sincero, ha terminado.

PROFUNDIDAD DE PERISCOPIO

Allí están, agazapados, escondidos, ocultos, seguros de saberse a salvo, pero no, están a unos dieciocho metros de profundidad, viendo por el periscopio, en silencio, solo siendo informados por el mirón. Un par de gravedades más afectan el casco y no es gran cosa, podemos con eso, piensan.

De acuerdo a Nicolás Maduro, de acuerdo a uno de los generalotes, han eliminado en un enfrentamiento a nueve delincuentes y han detenido a más de mil. Si esto ha sido un enfrentamiento, si los abatieron, nos preguntamos todos: ¿y no hubo tan siquiera un herido del lado de la ley, fueron tomados por sorpresa, fueron ejecutados, abatidos en un enfrentamiento en defensa propia, no hicieron caso a la voz de alto?

Esto es un problema sistémico, es una cuestión de moral y cívica, pero no se puede exigir moralidad al que mira por el periscopio y que sigue siendo un pillo tirador en puente Llaguno, protector de sus narcotraficantes sobrinos, reposero connotado y chupador de la sangre del sistema democrático.

No es Maduro el problema, créanme que no, como tampoco fue Chávez el problema, el problema se encuentra a profundidad de periscopio, si, nos observa pero nosotros no a él, es el deterioro de la conducta, de la vida, de los tiempos, de la psiquis, todo a la vez.

No tienen por qué creer en lo que digo, pueden seguir pensando todos que la OLP, nombre dado a la ejecución de delincuentes y que traduce la ridiculez de: OPERACIÓN DE LIBERACION AL PUEBLO, es bueno y eliminará a los delincuentes, cuando cualquier venezolano, puede ser uno de ellos, avalando la viveza, dándola como inteligencia y talento.

Se nota que estoy en contra de ella -la viveza-, siempre lo he estado, donde incluyo aquel episodio donde una ex (del verbo griego "exide" salir de) mandó a instalar aquel dispositivo para robar la luz y que le costó probablemente la relación. Si realmente hemos decidido no pagar por los servicios, ¡no esperen tenerlos! Seguramente mi ex se disgustará pero por algo no vivo con ella, lo que si es cierto es que no se puede permanecer impávido ante el saqueo, simplemente porque todo el mundo lo hace, incluyendo a los que viven en Miraflores.

Lo lamento mucho, pero yo sé dónde están, así crean que a profundidad de periscopio nadie lo sabe, están donde vaya un venezolano, están aquí en Miami, dándose contra las paredes, porque no les dejan robar, saquear, o violar el medidor de la luz, no les permiten ser infieles, corruptos bebedores conductores, ¡esto es un fastidio! Y de paso la policía llega a media noche, cuando comienza la fiesta y no permite el escuchar a Guaco con el volumen que manda la santa iglesia.

Maduro tiene razón, esa "operación de liberación del pueblo", debe ser ejecutada, pero comenzando con la psiquis de cada venezolano, siguiendo con la educación y terminando con la cárcel. Debemos liberar a ese pueblo de la viveza y la ignorancia.

ODIANDO A TODAS LAS ROSAS

Tienes el libre albedrío de odiar a todas las rosas si es que acaso alguna te pinchó, porque alguna te hincó y logró sacar una gota, de tu preciosa sangre. Este pasaje es más o menos de la obra "El Principito" y es aplicable a esas conductas arbitrarias y poco crecedoras de algunos. Y paso a explicarlo mejor:

Hoy 24 de Junio es el día de la Batalla de Carabobo y también el día de lo que queda de Ejército en Venezuela, una suerte de montonera arrastrada, depauperada, minusválida, inoperante, larvaria y por ende odiada, cuyo representante más conspicuo es el mismísimo Hugo Chávez del que aseguran que aún vive y la fiesta sigue, pero imaginemos por un momento el caso de un Padre cuyo joven, soñador y pendejo hijo, sienta en sus venas el llamado a servir en el Ejército y que nada pueda hacerse contra esa decisión. Los militares pasaron por la fuerza de la ley de gravedad, de ser una de las instituciones con mayor prestigio a ser aborrecidos y déjenme seguir explicando.

Si acaso ocurriera, que después de aquel terremoto donde la casa de los familiares se desplomó y donde perdieron la vida, algunos de ellos, pues, deberíamos odiar a todos los ingenieros y arquitectos, obreros y albañiles, ¿no creen?

En aquel caso judicial, donde pagamos esa pequeña fortuna en el divorcio, el juez del caso falla a favor de algunos intereses de la Señora, pues deberíamos odiar a todos los abogados.

Los pilotos también deben estar en la lista de los odiados, porque la mayor cantidad de accidentes aéreos es por falla humana.

Ahora voy con lo que duele: ¡No todos los militares son corruptos! O que les parece que agregue: ¡no todos los militares somos corruptos! Lo que ocurre adentro es terrible y digno de estudios psicológicos, de hecho eso tiene un nombre en la psicología practica denominado "La quema del ideal", pero a mi juicio no les han quemado el ideal, también las neuronas, los sueños, las apetencias y el orgullo, la autoestima y la sensación de pertenencia, pero no todos son así, no todos pueden ser así, simplemente el sistema de miedo es atroz y sigo tratando de desenredar el entuerto: la arbitrariedad del ciudadano venezolano es tal, que en cada uno de nosotros está dormido un dictador y la verdad es que me da flojera discutir este punto. Piense lo que quiera, pero todos abogarían por un Generalote o un generalito que le diera un golpe a Maduro y hasta yo me anotaría en los aplausos, pero alto, ya basta de estúpidos como Chávez que como se puso muy bravo se alzó con su Batallón, porque si de bravos hablamos, todos deberían estar alzados.

Yo los comprendo, la impotencia lleva a la desesperación, tienen razón y bien sé que seré atacado, pero se imaginan que después de que pase esta maldición, ¿cada Comandante se convierta en una amenaza al sistema democrático?

Ahora es un problema militar, pero siempre ha sido un problema civil.

¡TE ORDENO QUE ME AMES!

Ella estaba como posesa por el diablo, le pegaba, gritaba fuera de toda compostura, le reclamaba groseramente mientras él guardaba silencio sabiendo que se enfrentaba a una desequilibrada. Esa relación ya se había agotado, lo sabían todos menos ella y de repente se retiró a la habitación y regresó como más calmada, con las manos dentro de los bolsillos de su ajada bata de casa, se había limpiado las lágrimas, también.

¿Sabes qué? Que aquí no se acaba nuestra relación, le dijo con cierto tono pontificio, ¡aquí es donde comienza!

Era evidente que no estaba psíquicamente en sus cabales, pensó él.

De repente sacó su mano derecha del bolsillo de la raída bata, empuñando su revolver Smith and Wesson de treinta y ocho milímetros, cañón corto, modelo airweight, que siempre tenía en la mesa de noche como protección para la familia, en caso de la entrada de algún intruso.

Le dijo con voz calmada, pero con rostro fuera de sí: **¡te ordeno que me ames!**

La nueva ley contra el odio, promulgada por el gobierno de Maduro, es algo muy similar. Ya hemos escrito que el odio y el amor son el mismo sentimiento pero con polaridades invertidas, no son contrarios y en los párrafos anteriores podemos discriminar que siendo lo mismo, ella pasa de la ira descontrolada, al llanto manipulador, respuesta esta de su impotencia y pasa a amenazar de muerte, ¡toda una locura!, tan o más como la prenombrada ley que han diseñado los odiadores comunistas.

Trataré de explicarlo mejor: hay cosas que no se pueden ordenar, aunque me gustaría que no fuera así, pero es una ley como la de la gravedad. Te ordeno que seas honesto, te ordeno que me seas fiel, te ordeno que te parezca gracioso mi chiste y así podría llenar estas páginas de cosas in-ordenables.

Les tengo malas noticias al gobiernucho: pueden hacer todas las leyes que deseen, pueden meter presos a todos los habitantes, pueden hasta torturarlos, pueden hacer del oscuro sentimiento que levantan en la psiquis del hambre un delito y agregarlo en el "Código Orgánico Procesal Penal", pero no lo lograrán, les odian, el país todo les aborrece, porque el humano desecha la miseria de manera intuitiva, el humano huye despavorido del hambre que le atormenta y cuando hablo de hambre debemos incluir las absurdas doctrinas.

No podrán, créanme que no podrán y ¿saben porque?, porque entre Ustedes mismos se odian y si no es así, pueden preguntarle al fiscal Anderson, o a Eliecer Otaiza, o a Robert Sierra, todos infaustamente muertos, todos en extrañas circunstancias aún por esclarecer, todos muertos por Ustedes como es notorio y casi público.

La ignorancia es una cosa muy seria, que Ustedes, los del gobiernucho, han tomado como modus vivendi, pero la Venezuela actual, ya no les cree y además les aborrece.

Pueden seguir cambiando los destinos electorales, pueden seguir abusando del equilibrio psicológico del venezolano, pero así saquen el revolver como la loca prenombrada, así ordenen que no les odien, simplemente no lo podrán lograr.

LO QUE NIEGAS

Si afrontamos la realidad, si hablamos con la verdad, si sinceramos nuestra conducta con los inevitables e innegables hechos, contundentes, malvados, rudos que nos maltratan, o al menos maltratan la intención que teníamos, seguramente dolerá mucho, pero por poco tiempo.

Podrán decir las mentiras que deseen, pero siempre serán eso, mentiras, no pueden ya ocultar la decadencia, no pueden ya defender el proyecto que nunca existió, ya no podrán convencer a más incautos, ¡ya no!

Se acaba de reunir en el Palacio de Miraflores con los Vice Presidentes, ¡vaya Usted a saber cuántos son y para que fue la reunión!

Hay al menos $400.000.000.000 si, vio bien, cuatrocientos mil millones de dólares en bancos en todas partes el mundo que no pueden ser justificados y como es de esperar a nombre de venezolanos desconocidos y de empleo dudoso, ya no lo pueden negar, pero ¿hacia dónde va este escrito?, se los explico mejor: Carl Gustav Jung fue un psiquiatra y psicoterapeuta suizo con una inmensa influencia en el pensamiento de su época que aún continúa como una huella y referencia importante en el estudio de la mente y la conducta. Tanto, que podríamos decir que su influencia fue también en la filosofía, antropología, arqueología y literatura, pues bien, escribió algo que intento cumplir siempre: "Lo que niegas te somete y lo que aceptas te transforma"

Basado en el pensamiento de Jung, imagínense que Maduro llegara a decir: "Sí: es cierto, el país está quebrado, en mis manos tengo el plan de recuperación, de restructuración del TSJ, solicito la ayuda de todos, irán a la cárcel los ladrones, invito al Gobierno Norteamericano que nos tienda una mano, que la DEA venga a poner orden caiga quien caiga pero debemos salvar al país, respetaremos como algo sagrado la propiedad privada, bienvenido el revocatorio si acaso no me quieren, es la ley, es lo que debemos hacer, bienvenidos también los capitales foráneos, dolarizaremos la moneda para evitar el desfalco, el Banco Central será autónomo y le ruego a los petroleros que vuelvan a sus trabajos"

Esa noche yo creo que dormiría bien por primera vez desde que le metieron presos a sus sobrinos, porque lo que aceptas te transforma y al final, me encantaría que el tonto se transformara en el preso que es desde que niega el desastre que le somete a la estupidez, pero dejémonos de quimeras, no podemos esperar inteligencia del asno, tampoco de la mula, ni rapidez de la pereza, cultura del loro que habla repitiendo lo que mal aprendió, de manera que querido lector nocturno, eso no existe, porque los ladrones y pillos son eso y su ley es estar fuera de ella, violarla y hacer que la violen y cuando se les acerca nombrando a algún generalote como convicto de narcotráfico, pues nombrarlo ministro de algo, porque es de los suyos, porque se deben favores, porque no entiende a Jung del cual se podrán enterar si leen este escrito.

La verdad duele pero solo por poco tiempo, mientras que el vivir en la mentira duele infinitamente.

LOS CULPABLES SON LOS TAMBORES

Es una fiesta interesante, llena de tradición. Ocurre siempre antes de las lluvias en Venezuela, o sea en el solsticio que a la vez es el 24 de Junio. Muchos estados se convierten a las devotas fiestas de San Juan y como tal vez esto forma parte de las celebraciones negroides heredadas de la época de la Colonia Española, se baila con tambores que son muy famosos, las comparsas de LOS TAMBORES DE SAN JUAN (TSJ).

El Estado Vargas, Miranda, Aragua y Carabobo, o sea los Estados centrales, son los mayores participantes y sus moradores toman las calles en parranda, celebrando con costumbres paganas las fiestas católicas del único santo (San Juan Bautista) que junto con el niño Jesús, se le celebra su nacimiento, ¡no es poca cosa esto!

Creo que nadie puede determinar con exactitud cuándo comenzó esta tradición de los TSJ, ni siquiera los más acuciosos cronistas de los respectivos pueblos, es que es muy difícil, probablemente soy yo quien no sabe nada de los TSJ, seguramente debe haber en alguna Alcaldía,

Municipio o Parroquia alguna referencia de los tiempos de los TSJ.

Participaban todos, era alegre, que digo alegre, ¡alegrísima!, todos bailaban. Con el tiempo se fueron licuando esas distancias sociales y llegó la revolución y ahora todos somos iguales y los gobernadores también participan, que digo gobernadores, Chávez como presidente participaba, se le dio por fin la preeminencia correcta, el más alto nivel gubernamental, ese pueblo venido a más participa en los (TSJ) TAMBORES DE SAN JUAN. Al participar los gobernantes tomó mucho poder y se llegaron a tomar decisiones, entre tragos de cocuy, tambores, el humo de parrillas, otros más enchufados tomaban whisky, los rones de todas las marcas nacionales eran cultivo fructífero en el gusto de los participantes del TSJ y se saben el pueblo, el pueblo elegido para llevar los destinos del país, ese pueblo que jamás había tenido poder y ahora que lo tienen no la van a entregar tan fácil, no señor y por ello aquí desde la muerte de Chávez, no se discute de cambios...!que siga la fiesta de los TSJ! Por siempre.

El TSJ ha decidido no hacer el revocatorio, porque cree que esta fiesta apenas está comenzando. Son esos borrachos a quienes se les conmina ya en el amanecer a acostarse a dormir y se niegan a gritos, porque si se van los demás se tomarán todo el licor, pero ya va a amanecer y NO, que sigan tocando los tambores del TSJ.

En plena borrachera han ordenado que Nicolás Maduro sea venezolano, porque en Colombia no se bailan los (TSJ) y si la fiesta sigue y las leyes no le convienen correctamente, tengo información de buena fuente (esta frase es lapidaria, porque infiero que hay malas fuentes) que derogarán muy pronto la "ley de gravedad", mientras Chávez, el precursor de la borrachera descansa en el Cuartel de la Montana (CDLM)...¡aquí los culpables son los tambores!

UN ASILO EN MIAMI PARA MADURO

Asegura el periodista Miguel Henrique Otero al normalmente bien documentado diario ABC de España, que Nicolás Maduro, negocia su salida, con la santa intervención de UNASUR, del Gobierno de Cuba, el Vaticano y otras entidades y personeros.

Tratando de entenderle, yo estaría sumamente preocupado, cuando se puede ver el derrumbe, la avalancha indetenible, la caída estrepitosa, el salto al vacío de todo el proyecto del Comandante eterno.

Nadie le cree, nadie le quiere, todo le sale mal, todo está al revés, volteado, corrupto y el excremento normalmente hiede, pero cuando se le mueve, se le bate, por supuesto que es peor y ¿ahora busca una salida digna, honorable, caprichosa?

Están pensando si es Colombia la apropiada, la verdad me tiene sin cuidado, porque esto del asilo sería como mandarle un lujoso helicóptero al Capitán Schettino, ¿le recuerdan?, si, el que estrelló al inmenso buque Costa Concordia contra la Isla de Giglio, para lucirse con una amante, sacarle y dejar allí a los pasajeros para que se ahoguen mientras el buque se hunde.

Si el asilo es indetenible, si la huida inevitable, yo le propongo que se asile en Miami, aquí nadie es de aquí, aquí todos somos muy felices, aquí se habla español, está prohibida la discriminación, la autoridad le garantiza su vida, también puede comenzar a hacer algo que abandonó hace años, si, puede comenzar a estudiar, que se quite el bigote y se haga masajes clandestinos con Iroshima Bravo la diputada, que adelgace y se haga la liposucción, pero en el cerebro, una lobotomía prefrontal sería lo apropiado, búsquenlo en el internet si, LOBOTOMIA PREFRONTAL, que nosotros nos encargaremos de lo demás, ¡para otras cosas siempre existe Master Card!

Es una lástima lo que sucede, yo podría asegurar que no tengo tiempo biológico para poder ver el resurgir de Venezuela, el daño ha sido oceánico, profundo, pero eso no es importante, debemos comenzar por algún lado, por alguna arista, debemos caminar el potrero entrándole por la cerca, no hay opción.

Si Maduro se asila, lo buscaremos, sin distraer el objetivo principal, pagará, purgará las culpas ante la justicia que también debemos rehacer, tendremos una suerte de Nuremberg, de tribunales de larga espera, pero de larga data, donde se presentarán con la posibilidad cierta de su defensa, porque de no ser así, nosotros nos pareceríamos mucho a ellos y eso es algo de lo que debemos guardar mucha distancia y también categoría, como la publicidad de Musiú La Cavalerie.

A los chavistas, ladrones, corruptos y saqueadores, no podrán escapar, créanme que no, de manera que la invitación es a entregarse porque están rodeados y no conseguirán hueco alguno donde esconderse y eso incluye a la Cuba comunista, que ahora mismo bate el excremento, negociando también su salida hacia la libertad con los Estados Unidos de América, el país de la prosperidad, de las libertades individuales y de la visión más meridiana de lo que es un gran futuro

VOCACIONES HEROICAS

Creo que ese tiempo ya pasó y estoy contento con ello, porque ciertamente aplaudo de pie a todos los héroes que sacrifican más de lo que yo he sacrificado, los avalo y aprecio sus esfuerzos, sobre todo a los militares operativos con experiencia real de combate.

Los héroes son personas que hacen actos más allá del entendimiento, sacrifican sus vidas por los demás, pero ese tiempo ya ha pasado, porque ellos, lo hacen cuando vale la pena luchar y que sea reconocido su inmenso esfuerzo.

El periodista, quien con toda seguridad ha sorteado las exigencias académicas de la prestigiosa Universidad Católica Andrés Bello, le pregunta a Nicolás Maduro, algo inocuo, normal, nada sensible, pero si loable, sobre el par de bomberos presos por haber hecho un video humorístico con un burro entrando a la estación en clara analogía a la inmensa cantidad de desaciertos, gazapos, errores, distorsiones, distracciones y vacíos mentales de Maduro y este repreguntó: ¿tú eres periodista verdad?, ¿Dónde te graduaste? En la UCAB, contestó el joven profesional que cual héroe puso en juego su carrera frente a alguien que nunca ha estudiado nada. Fue inmediatamente atacado al mejor estilo de su mentor Fidel Castro, intentó disminuirlo, pero el tiempo de las vocaciones heroicas ya ha pasado y el joven periodista, inteligente y a sabiendas de con quien se enfrentaba, sin inmutarse solicitó al burro cambiar de pregunta y de tenor, por cuanto no se inmoló, no le permitió que le sacrificara, porque de nada sirve un héroe despedido de su trabajo.

Maduro, preocupado de los excesos en la cena turca en el restaurant del chef rastrero, que se ha hecho viral en las redes y que gran daño ha hecho a su inexistente prestigio, le informa al periodista: "ya sé que tu intención es hacerte viral en las redes" y el héroe nuevamente sin ánimos de sacrificarse más de lo que la prudencia le indicaba, le ripostó que esa no era su intención sino saber del paradero de los bomberos ante el abuso de su detención.

Debo agregar a manera personal y totalmente parcial, que se notaba en el ambiente, la habilidad del joven periodista con respecto al tonto bobo. Este guardó silencio y dejó que Maduro no solamente no ocultara su falta de talento para casi cualquier cosa, sino que lo demostrara, como es su costumbre.

Felicito al periodista y también a Maduro, porque ambos cada vez que abrieron la boca demostraron: en el caso del joven, habilidad, fortaleza psicológica, profesionalismo, venezolanidad, hombría, heroicidad y en el caso del burro, debilidad, mal carácter para contestar una pregunta tan elemental, falta de contenido, ira, ciclotimia, ignorancia y nada de moral.

Ha pasado el tiempo de las vocaciones heroicas, porque ante estos pillos, ante un país de acomodo, de bolsas CLAP, de perniles si votas por mí y de conos monetarios indescifrables, de narcotráfico y de generales que parecen más bien particulares, se debe ser más inteligentes y si alguien tiene que sacrificar algo que sean ellos, los pillos saqueadores.

CONTENIDO

La fragancia de la rebelión..................................15

La ridiculez militar..19

Viveza sin cabeza...23

Catálogo de la bajeza..27

Estando en la diagonal......................................31

Gracias por su servicio......................................35

La Fiscal y sus recuerdos portátiles..................39

El enemigo invisible..43

¿Somos hijos de Chávez....................................47

Extrañando los tiempos.....................................51

Ética y estética...55

Un pugilato histórico...59

Los locos histriónicos..63

La Ascesis en Ramo Verde................................67

Un pacto fáustico...71

El miedo no da rabia...75

Ganando en distancias cortas............................79

Yo no limpié pocetas.................................83
Infelices mercaderes...............................87
El quinto punto cardinal..........................91
Una dieta de hidrocarburos....................95
Muerte por combustible..........................99
La copa rota...103
Azuzados por la vanidad......................107
Horas oscuras.......................................111
La última chupada al mango................115
Un rollo macabeo..................................119
Los ojos de la maldad...........................123
Con cara de usted.................................127
Holodomor Venezolano.........................131
El imposible olvido................................135
El bajo mando militar............................139
Filatélicos o Sifilíticos............................143
Échame las cartas................................147
La casa de Maduro en China...............151
Un saludo revolucionario y clandestino............155

Reunión de Generales y Almirantes..................159

El desfalco a la autoridad............................163

La rebelión de los Almirantes.........................167

¿Qué dijo Harry?......................................171

Un chivo en la sala...................................175

El Comandante...179

El lado correcto de la historia.......................183

El saco de los gatos..................................187

Sobando el nervio Asiático............................191

Vidas azarosas..195

El Coronel cuenta papas...............................199

Con el ladrillo al hombro.............................203

Todos son mis rehenes.................................207

Vocación de rapiña....................................211

No te metas con el cocinero...........................215

Y que conste en el acta...............................219

¿El pueblo Chavista?..................................223

Demencia Presidencial.................................227

Un país sin alma......................................231

Viriato en las calles de Venezuela..........235

Un zeppelín sobre mi casa..........239

El museo de los mártires..........241

La hija de la ignorancia..........245

Los Miserables de Hugo..........249

Sin pena y sin gloria..........253

Una fan enamorada..........257

Un mínimo de dignidad..........261

Merentes, ¿regálame una flor?..........265

Profundidad de periscopio..........269

Odiando a todas las rosas..........273

Te ordeno que me ames..........277

Lo que niegas..........281

Los culpables son los tambores..........285

Un asilo en Miami para Maduro..........289

Vocaciones heroicas..........293

La fragancia de la rebelión

Bernardo Jurado

Made in the USA
Columbia, SC
07 March 2019